DESCRIPTION

DES

TABLEAUX

DU

PALAIS ROYAL,

AVEC

La Vie des Peintres à la tête de leurs Ouvrages.

DÉDIÉE

A MONSEIGNEUR LE DUC D'ORLEANS,

Premier Prince du Sang.

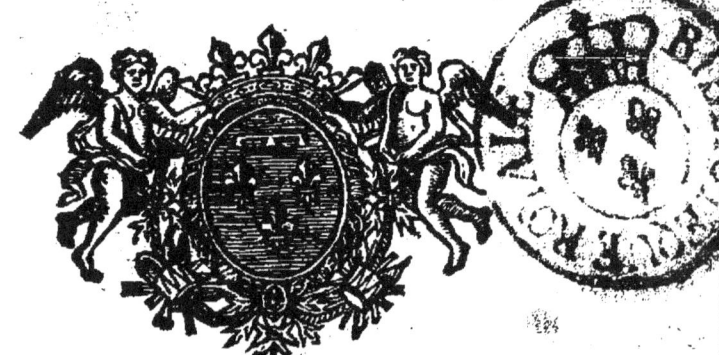

A PARIS, rue S. Severin,
Chez D'HOURY, seul Imprimeur & Libraire de
Monseigneur le Duc d'Orleans.

MDCCXXVII.

AVEC PRIVILEGE DU ROY.

A

MONSEIGNEUR LE DUC

D'ORLEANS,

PREMIER PRINCE DU SANG.

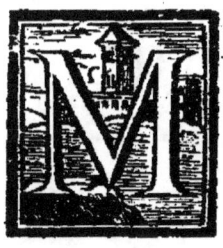 ONSEIGNEUR,

J'ay l'honneur de Vous présenter la Description des Tableaux du Palais Royal. En conservant, MONSEI-GNEUR, ce prétieux Trésot qui fai-

EPITRE

soit les délices du grand Prince, qui Vous a donné la naiſſance ; ce reſpect pour le goût de votre auguſte Pere, eſt une marque de l'exélence du Vôtre. Cette Deſcription, MONSEIGNEUR, avoit été commencée par ſes ordres, & Vous eſt duë aujourd'hui. Je vous ſuplie très-humblement de l'agréer, comme le témoignage du parfait dévouement & du très profond reſpect avec leſquels je ſuis,

MONSEIGNEUR,

Votre très humble & très-
obéiſſant ſerviteur
DuBois De Saint Gelais.

PREFACE.

LE riche aſſemblage des Ta-bleaux du Palais Royal dont on donne la Deſcription, eſt un des plus curieux de l'Europe, ſoit pour le nombre, ſoit pour le choix, ſoit pour la diférence des Maîtres ; enſorte que toutes les manieres, tous les goûts & tous les âges de la Peinture s'y preſentent à la vuë, par où il eſt peut-être unique dans le monde : mais une ſingularité qui louë bien le grand Prince qui l'a fait, c'eſt qu'il a falu des ſiécles pour former les Cabinets renommés, au lieu que

vingt-ans ont fufi à feu Mon-
feigneur le Duc d'Orleans,
pour raffembler la nombreufe
quantité de Tableaux qui ornent
les apartemens du Palais Roial.

Ce Prince qui joignoit aux
qualités qui font les Héros
toutes les connoiffances &
tous les talens qui font les
grands Hommes, avoit reçu
du Ciel un génie vafte, une
intelligence univerfelle, & un
dicernement exquis. Aiant fait
ufage dans tous les tems de fa
vie de ces rares dons, il a voulu tout favoir, & il a tout fû.
Quelle aplication aux Sciences!
quel commerce avec les Arts!
dans cet âge confacré aux feu-
les Graces, âge où les Sciences
& les Arts font pour l'ordinaire

auſſi peu connus que recher-
chés. Celui des beaux Arts qui
avoit le plus l'afection de Mon-
ſeigneur le Duc d'Orleans, c'é-
toit la Peinture. Un homme
habile fut ſon guide, & lui ré-
véla les miſteres de cet Art
enchanteur. Après lui avoir
fait comprendre que toute la
pénétration & tout le goût ne
ſuſiſoient pas pour connoître
la Peinture, ſans l'avoir exer-
cée, M. Coypel lui mit le
eraïon à la main, lui fit manier le pinceau, & le conduiſit
à un dégré de connoiſſance,
qui a égalé celui des plus grands
Maîtres. De quoi ce Prince eut
une ſi grande ſatisfaction que,
lorſque ſa qualité de Régent
l'eut rendu le Diſpenſateur des

Graces, il honora son Maître
du Titre de Prémier Peintre
du Roi.

L'atachement de Monséi-
gneur le Duc d'Orleans pour
la Peinture a été le même dans
tous les tems, sans avoir dimi-
nué, lorsqu'il s'est chargé du
Gouvernement de l'Etat. Il l'a
toûjours aimée avec la même
passion & la même jalousie.
Cet amour, lui a fait rechercher les plus beaux Tableaux,
& a rendu à la France un * Tré-
sor qui lui avoit été enlevé
Aussi l'assemblage des Tableaux du Palais Roïal, fait aujour-
d'hui l'admiration de toutes
les Nations, & est une savante
Ecole de Peinture. C'est ce qui
a engagé à en faire paroître la

*Les sept Sacre-mens du Poussin.

Defcription qui avoit été commencée par l'ordre de feuë S.
A. R. Elle eft duë à fa gloire,
à la curiofité du Public, & à
l'honneur de la Peinture. Les
grands Princes ne manquent
gueres d'Hiftoriens de leurs
actions brillantes & dignes
de leur haute naiffance, mais
on s'atache peu à entrer dans
le détail de celles qui marquent
leur capacité, leur dicernement, & leur goût. Cette Defcription pourra en partie tenir
lieu de Mémoires à cet égard ;
elle fatisfera l'empreffement
qu'on témoigne depuis long-
tems de connnoître ces Tableaux : enfin en expofant les
Ouvrages des plus célébres Maî-
trés, & tant de Sujets traités

diféremment, elle fera voir & à qu'elle point de perfection la Peinture a été portée, & la fécondité de génie de ceux qui y ont excélé.

On a décrit de fuite les Tableaux d'un même Maître, & l'on a mis à la tête un abregé de fa Vie, en s'atachant particulierement à fon caractere par raport à la Peinture, afin qu'il foit plus aisé à reconnoître: mais on s'eft abftenu de porter aucun jugement, foit fur la Compofition, foit fur le Deffin, foit fur le Coloris, & parceque ces parties fe trouvant quelque fois refpectivement dans certains dégrés, on auroit pû fe méprendre, & plus encore pour laiffer à chacun la li-

berté de juger ſelon l'impreſſion que lui fait un Tableau.

Il y a deux choſes dans un
Tableau, l'une apartient à la
la Nature, c'eſt l'imitation ;
l'autre apartient à la Peinture,
c'eſt la maniere d'imiter. Un
mauvais Peintre peut faire
un Portrait reſſemblant, mais
il n'y a qu'un habile Peintre
qui faſſe de beaux Portraits.
C'eſt le choix & l'exécution qui
font le grand Peintre. La Nature comme elle eſt, ne lui ſu-
fit pas, il faut qu'il l'ajuſte à
ſon Sujet; c'eſt ce qui produit
ce Vrai qui plaît & qui atire :
mais pour repréſenter la Nature avec les convenances que
demande le Sujet, que de parties le Peintre doit avoir ! &

qu'elle dificulté, pour ne pas
dire impoſſibilité, de les avoir
toutes au même dégré. De là
vient pour l'ordinaire la diférence des jugemens qu'on porte ſur les mêmes Tableaux.
Chacun s'atache à la partie qu'il
aime, & la cherche, de maniere
qu'elle établit pour lui une exélence qui lui fait préférer les
Ouvrages où elle ſe trouve,
pendant qu'elle eſt indiférente
à ceux qui ſont d'un autre goût.

On expoſe ſimplement la
repréſentation de chaque Tableau, ſans oublier aucune circonſtance eſſentielle, on y joint
la meſure, on cite l'endroit d'où
le Sujet eſt tiré, &, quand on
l'a pû ſavoir, les perſonnes à
qui ont apartenu ces Tableaux.

Une grande partie compofoit
le fameux Cabinet de la Reine
de Suéde, dont quantité ve-
noient du Cabinet de l'Empereur, & avoient été aportés à
Stokholm, après la prife de Prague par les Suedois. Il y en auroit même eu davantage, fi
cette Princeffe n'avoit pas dif-
pofé de quelques-uns des plus
beaux, d'une maniere qui a
moins fait d'honneur à fon goût
qu'à fa magnificence, car elle
les fit couper en diverfes piéces
pour en ajufter les mains, les
pieds ou les têtes, à la grandeur, & à la figure des com-
partimens des plafonds de fa
chambre & de fa fale d'audience. Ils furent portés à Rome,
lorfque cette Reine s'y retira,

à sa mort ils ont été vendus à
D. Livio Odescalchi , Neveu
d'Innocent XI. & ensuite ils
ont passé à feu Monseigneur
le Duc d'Orleans.

APPROBATION.

J'Ay lû par ordre de Monseigneur le Garde des
Sceaux, un Ouvrage intitulé : *Description des Tableaux du Palais Royal*. Le Public connoissoit bien en
general l'abondance & la curiosité de ce prodigieux
amas de ce qu'il y a de plus beau & de plus rare en
fait de Peinture , mais il étoit utile de lui en donner
un détail circonstancié, & je suis persuadé qu'il sera
content de la Description que l'Auteur déja connu
par plusieurs autres Ouvrages lui en présente. A Paris
ce 27 de Fevrier 1727.
                                    LANCELOT.

PRIVILE'GE DU ROY.

LOUIS PAR LA GRACE DE DIEU ROY DE FRANCE
ET DE NAVARRE : A nos amez &féaux Conseillers
les Gens tenants nos Cours de Parlement, Maîtres des
Requestes Ordinairesde notre Hôtel, Grand Conseil,
Prévôst de Paris. Baillifs, Sénéchaux , leurs Lieute-
nants Civils & autres nos Justiciers qu'il appartien-
dra. SALUT notre bien Amé CHARLES - MAURICE-
D'HOURY, Imprimeur & Libraire à Paris , & de notre
très-cher & trés amé Oncle Louis Duc d'Orleans

Premier Prince de notre Sang : Nous ayant fait remontrer qu'il lui avoit été mis en main un Manuscrit qui a pour titre *Description des Tableaux du Palais Royal*, dediée à notre très-cher & très-amé Oncle Louis Duc d'Orleans Premier Prince de notre Sang ; qu'il souhaitteroit imprimer ou faire imprimer & donner au Public ; s'il Nous plaisoit lui accorder nos Lettres de Privilege sur ce nécessaires ; offrant pour cet éfet de l'imprimer ou faire imprimer en bon papier & en beau caractere, suivant la feuille imprimée & attachée pour modéle sous le contre-Scel des présentes. A ces causes, voulant favorablement traiter ledit Exposant, Nous lui avons permis & permettons par ces Présentes d'imprimer ou faire imprimer ledit Livre cy-dessus spécifié en un ou plusieurs volumes conjointement ou séparément, & autant de fois que bon lui semblera, sur papier & caracteres conformes à ladite feuille imprimée & attachée pour modéle sous notredit contre-Scel, & de le vendre, faire vendre & débiter par tout notre Roiaume, pendant le tems de douze années consécutives, à compter du jour de la datte de ces Présentes. Faisons défenses à toutes sortes de personnes, de quelque qualité & condition qu'elles soient, d'en introduire d'impression étrangere dans aucun lieu de notre obéissance ; comme aussi à tous Imprimeurs, Libraires & autres, d'imprimer, faire imprimer, vendre, faire vendre, debiter ni contrefaire ledit Livre ci-dessus exposé en tout ni en partie, ni d'en faire aucuns extraits sous quelque prétexte que ce soit, d'augmentation, correction, changement de titre, ou autrement sans la permission expresse & par écrit dudit Exposant ou de ceux qui auront droit de lui, à peine de confiscation des exemplaires contrefaits, de quinze cens liv. d'amende contre chacun des contrevenans, dont un tiers à Nous, un tiers à l'Hôtel-Dieu de Paris, l'autre tiers audit Exposant, & de tous dépens, dommages & interêts. A la charge que ces presentes seront enregistrées tout au long sur le Registre de la Communauté des Imprimeurs & Libraires de Paris, & ce dans trois mois de la date d'icelles ; que l'impression de ce Livre sera faite dans notre Royaume & non ailleurs, & que l'Impetrant se conformera en tout aux Reglemens de la Librairie, & notamment à celui du dixiéme Avril 1725. & qu'avant de l'exposer en vente, le Manus-

crit ou Imprimé qui aura fervi de copie à l'impreſſion
dudit Livre, ſera remis dans le même état où l'ap-
probation y aura été donnée, ès mains de notre très-
cher & féal Chevalier Garde des Sceaux de France le
Sieur FLEURIAU D'ARMENONVILLE Comman-
deur de nos ordres, & qu'il en ſera enſuite remis deux
Exemplaires dans notre Biblioteque publique, un dans
celle de notre Château du Louvre, & un dans celle de
notredit très-cher & féal Chevalier Garde des Sceaux
de France le Sieur FLEURIAU D'ARMENONVILLE
Commandeur de nos ordres ; le tout à peine de nul-
lité des Preſentes, du contenu deſquelles vous man-
dons & enjoignons de faire jouir l'Expoſant ou ſes
ayans cauſe pleinement & paiſiblement, ſans ſouffrir
qu'il leur ſoit fait aucun trouble ou empêchement,
Voulons que la copie deſdites Preſentes, qui ſera imprimée tout au long au commencement ou à la fin dudit Livre ſoit tenue pour deuement ſignifiée, & qu'aux
copies collationnées par l'un de nos amez & féaux
Conſeillers & Secretaires, foy ſoit ajoutée comme à
l'Original ; Commandons au premier notre Huiſſier ou
Sergent de faire pour l'execution d'icelles tous Actes
requis & néceſſaires ſans demander autre permiſſion,
& nonobſtant clameur de Haro, Chartre-Normande
& lettres à ce contraires ; Car tel eſt notre plaiſir.
Donné à paris le 18 jour du mois de Juillet, l'an de
Grace 1726. Et de notre Regne le onziéme. Par le
Roy en ſon Conſeil.

DE SAINT HILAIRE.

*Regiſtré ſur le Regiſtre VI. de la Chambre Royale des
Libraires & Imprimeurs de Paris, num. 454. fol. 361.
conformément aux anciens Riglemens confirmez par celui
du 2 Février 1723. A Paris le 19 Juillet 1726.*

D. MARIETTE, Syndic.

DESCRIP-

DESCRIPTION
DES TABLEAUX
DU PALAIS ROYAL.

ABRAHAM BLOMAERT.

E Peintre né à Gorcum en 1 5 6 7. fut élevé à Utrecht où son Pere qui étoit Architecte l'emmena , & y mourut en 1647.

Comme il n'avoit eu pour Maîtres que des Peintres médiocres, il se forma une maniere sur la Nature même, suivant son Génie qui étoit facile, gracieux & universel. Il entendoit bien le Clair-obscur, & faisoit ses Draperies de grands plis; mais son Goût de Dessin tenoit de son Pais.

A

Corneille Blomaert, excellent Graveur, étoit le plus jeune des trois fils qu'il a eus.

PREDICATION DE SAINT JEAN.

Peint fur bois, haut d'un pied deux pouces & demi, large d'un pied huit pouces.

Le Précurfeur de J. C. eft affis au pied d'un grand arbre. Entre fes Auditeurs on en voit un à côté de lui couché à terre levant la tête pour l'écouter, & vis-à-vis une femme qui a un chapeau à l'Allemande. Tout fur le devant eft un homme vû par le dos. Le fond eft un Paifage.

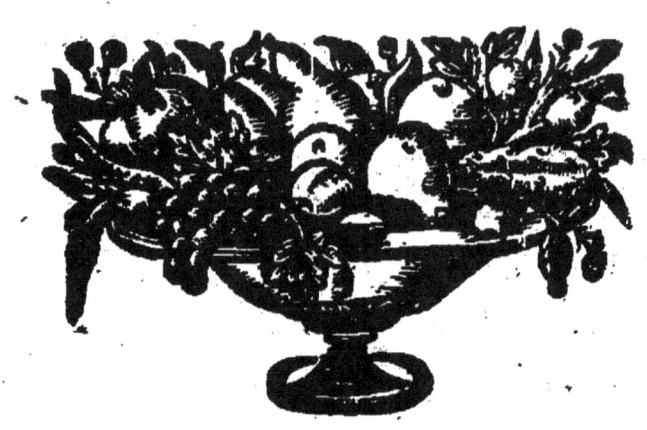

ABRAHAM MIGNON,

PEINTRE FLAMAND.

DES FLEURS.

Peint sur toile, haut de deux pieds deux pouces, large d'un pied huit pouces.

CE Tableau repréſente diférentes ſortes de Fleurs avec des Inſectes au-deſſous dans un terrain humide. A gauche eſt un arbre ſur lequel ſont perchés deux Oiſeaux; & à droit on voit des Champignons, avec un Crapeau au-deſſous ſur une mote de terre, où eſt écrit *A. Mignon fecit.*

ADAM ELZHEIMER.

IL nâquit à Francfort en 1574. étoit Fils d'un Tailleur, & Disciple de Philippe Uffembac. S'étant rendu capable, il alla à Rome, & y mourut sous le Pontificat de Paul V. fort estimé des Italiens.

Il a peint en très-petit à huile, avec une grande intelligence du Coloris. Sa Composition étoit ingenieuse, & il finissoit extrêmement. Les Objets se gravoient si fort dans son imagination qu'il lui sufisoit de les voir sans les dessiner pour les peindre fidelement quelques jours après.

Il a eu un Disciple nommé Jacques Erneste Thoman de Landau qui a fort approché de sa maniere, aiant fait des Tableaux qu'on prendroit pour être de ce Maître.

Il y a plusieurs Estampes gravées d'après ses Ouvrages.

UNE NUIT.

Peint fur toile, haut de trois pouces & demi,
large de cinq pouces & demi.

Petit Tableau où l'on voit *Milord*
proche d'un canal des gens qui *Melfort.*
fe chauffent dans la nuit, & une
barque qui arrive.

UN CLAIR DE LUNE.

Peint fur bois, haut de quatre pouces & demi,
large de cinq pouces & demi.

Petit Tableau qui repréfente un *Le Car-*
Paifage avec fabrique fur le bord *dinal du*
d'une riviere & des gens qui fe *Bois.*
chauffent. Il eft éclairé par la Lune.

ADRIEN KEYEN.

IL a peint dans la maniere du vieux Palme.

UN SENATEUR DE VENISE,
jufqu'aux genoux.

Peint fur toile, haut de trois pieds fix pouces, large de deux pieds onze pouces.
Figure de grandeur naturelle.

La Reine de Suede. Il eſt de profil ayant une robe de velours rouge ; le fond du Tableau eſt un rideau vert, qui n'étant pas tout-à-fait tiré, laiſſe voir la Mer avec des Vaiſſeaux & une Ville dans le lointain.

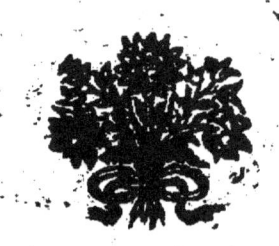

ADRIEN VANDER WERFF.

CE Peintre étoit de Roterdam. Son Deffin eft correct, & il finiffoit extrêmement ; mais fa Carnation n'eft point affez animée, fes Chairs n'aiant point de vie, & étant d'un blanc d'ivoire.

L'Electeur Palatin lui faifoit une forte penfion à condition qu'il auroit le choix de fes Tableaux & il les lui paioit encore féparément, ce qui les a rendu très-rares & trèschers. Il eft mort depuis quelques années.

LE JUGEMENT DE PARIS.

Peint fur bois, haut de deux pieds, large de deux pieds cinq pouces.

Le Fils de Priam aiant feulement un bout de draperie écarlate

A iij

qui lui couvre le haut des cuiffes,
eft affis au pied du Mont Ida. Il
tient de la main droite la Pomme
d'Or, & regarde les trois Déeffes
qui font nues. Junon a un ruban
paffé en écharpe, & eft la plus proche. Venus eft après, & léve les
bras pour faire voir fes beautez. Un
Amour eft derriere elle, & fes Pigeons font à fes pieds. Pallas avec
fon cafque eft la derniére, & eft
vue par le dos, tournant la tête avec
une grimace qui marque fa répugnance pour cette action.

UNE VENDEUSE DE MARE'E.

Peint fur bois, haut de neuf pouces & demi,
large de fept pouces & demi.

On voit une jeune Fille apuiée
fur une table, tenant un couteau.
Il y a fur le devant diferents forte
de poiffons.

UN VENDEUR D'OEUFS.

Peint fur bois, haut de neuf pouces & demi,
large de fept pouces & demi.

Petit Paifage qui repréfente fur
le devant un jeune Garçon affis qui
a défait fes jartieres pour fe délaf-
fer, & paroît rire d'avoir laiffé
tomber fon panier qui eft à côté de
lui fans avoir caffé que deux œufs

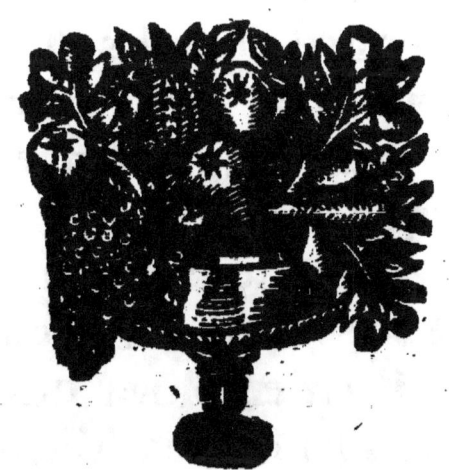

ALBERT DURE.

UN Orfévre très-habile fut Pere d'Albert Dure, qui nâquit à Nuremberg en 1471. Il l'éleva dans fa profeffion, & lui enfeigna la Gravure; mais il le quitta à quinze ans & s'attacha à l'Ecole de Michel de Wolgemut, Peintre eftimé dans cette ville, joignant à l'étude du Deffin, celle des Mathematiques & de l'Architecture. La Nature l'avoit fait naître pour les Arts, & l'avoit doüé d'un génie univerfel. Auffi s'exerça-t-il quelque tems dans prefque tous; mais la Peinture & la Gravure l'emporterent. Après avoir été trois ans chez ce Maître, il en employa quatre à voiager en Flandre, en Allemagne & en Italie, & à fon retour il fe maria étant âgé de vingt-trois ans. Ce fut dans ce tems-là que

parurent ſes prémieres Eſtampes
qui le firent connoître. Il a beaucoup plus gravé qu'il n'a peint. Il
avoit une belle Imagination, ſes
Compoſitions étoient grandes, & il
a toujours copié le Vrai ; mais tel
qu'il le voyoit ſans choix & ſans
goût, n'ayant ni connu les graces
de la Nature, ni même apperçû que
rarement les beautez que le ſeul
hazard preſente ; & ce qui ſe com-
prend avec peine, c'eſt que ſe pi-
quant de connoître le nu & les belles proportions, ſon Deſſin n'eſt
ni gracieux ni élegant. Cependant
on reconnoît dans ſes Tableaux
un Genie facile, beaucoup d'exactitude & une grande exécution ;
enſorte qu'il auroit pû être un
très-habile Peintre, s'il avoit été
conduit par une bonne éducation,
ou qu'il eût eu plus de connoiſſance de l'Antique.

Sa probité, ſon bon eſprit, &
ſon éloquence naturelle lui procu-
rerent une place dans le Conſeil de

la Ville de Nuremberg. Il mourut à
cinquante-sept ans en 1528. Il a
beaucoup écrit de la Géometrie,
de la Perspective, des Fortifications,& de la Proportion du Corps
humain.

UN PORTRAIT.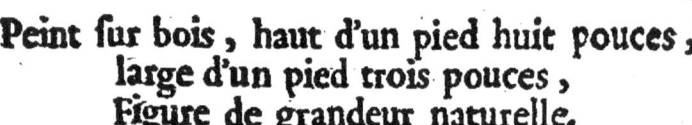

Peint sur bois, haut d'un pied huit pouces,
large d'un pied trois pouces,
Figure de grandeur naturelle.

M. le Duc
de Gra-
mont. C'est un Homme à mi-corps qui
a les mains l'une sur l'autre, tenant
un papier & qui paroît méditer. Le
fond du Tableau est brun, laissant
voir à droit au haut un bout de
Paisage dans le lointain.

UNE NATIVITE,

UNE ADORATION DES ROIS,

ET UNE FUITE EN EGYPTE.

Peint sur bois, Figures d'environ un pied.

L'Abbé
de Me-
lanville. Ces trois Sujets ne composent
qu'un seul Tableau, quoiqu'ils en

fiſſenttrois originairement, parce que le prémier & le dernier formoient deux volets, au dedans deſquels ils eſtoient peints, contenant & renfermant celui du milieu qui eſt de la largeur des deux autres.

Le prémier repréſente la Vierge avec l'Enfant-Jeſus emmailloté, la tête ſur de la paille éparpillée. La Vierge eſt devant lui, & a le viſage éclairé des raïons qu'il répand. Ils ſont dans une maſure dont le haut eſt tout ouvert, n'y reſtant que la charpente qui forme une chambre où il paroît du feu. Une grande ouverture à gauche fait voir un lointain où l'on aperçoit S. Joſeph en priere. Tout au haut eſt un petit Ange dans une gloire.

Haut. 2. pieds Larg. 9. pouces.

La Scene du ſecond Tableau eſt un Portique ruiné. La Vierge eſt aſſiſe deſſous, & S. Joſeph eſt à cô-

Haut. 2. pieds. Larg. 9. pouces.

té d'elle. Le prémier des trois Rois eſt à genoux & préſente à l'Enfant Jéſus qu'elle tient une boëte d'or, le ſecond eſt au-deſſus à droit incliné, tenant de même une boëte d'or, mais un peu diférente pour la forme, & le troiſiéme eſt un Roi Maure debout, dont le préſent eſt une boëte de criſtal garnie d'or. Ces trois Rois ſont diſtingués par des habillemens diférents. Les deux prémiers ſont découverts, & le troiſiéme a une eſpéce de turban. Le bœuf & l'âne ſont au-deſſus de la Vierge. Derriere le Portique à gauche, dans l'éloignement on voit une porte flanquée de deux tours à l'antique, formant l'entrée d'une Ville où pluſieurs perſonnes ſe rendent, & tout dans le lointain il y a un Païſage avec fabrique, & un Ciel où l'on aperçoit l'Etoile qui avoit conduit les Mages.

Haut. 2. pieds. Larg. 9. pouces.

Dans le troiſiéme Tableau on

voit la Vierge montée fur un âne,
& tenant l'Enfant-Jefus : Elle eft
envelopée dans une grande draperie bleuë, bordée d'une broderie.
Saint Jofeph aiant un chapeau de
paille marche devant l'âne, qu'il
conduit par la bride. Le fond eft
un Paifage.

ALEXANDRE ALLORI.

LE Bronzin oncle de ce Peintre fut son Maître. Il devint en peu de temps si habile, qu'à dix-sept ans il fit des Ouvrages publics. A dix-neuf il alla à Rome & revint à vingt & un à Florence sa Patrie, où il travailla dans les Eglises & dans les plus beaux Palais. Il entendoit bien le nu, avoit un bon Goût de Dessin & un Coloris tendre. Ses Portraits sont fort estimés. Il mourut en 1607. âgé de soixante & douze ans.

VENUS ET L'AMOUR.

Peint sur bois, haut de quatre pieds quatre pouces, large de six pieds sept pouces.
Figures de grandeur naturelle.

La Déesse est couchée de côté sur sa draperie qui est verte, elle a désarmé l'Amour qui la regarde

tendrement, & semble vouloir faire éfort pour reprendre son arc,
qu'elle tient de la main gauche;
lui retenant de l'autre le bras droit
qui est étendu; on voit deux Co-
lombes sur des roses qui se baisent
amoureusement, & au bas la Pomme d'Or. Le fond représente une
roche percée en arcade avec de
grands arbres fort touffus, au haut
à gauche est un bout de Paisage
dans le lointain.

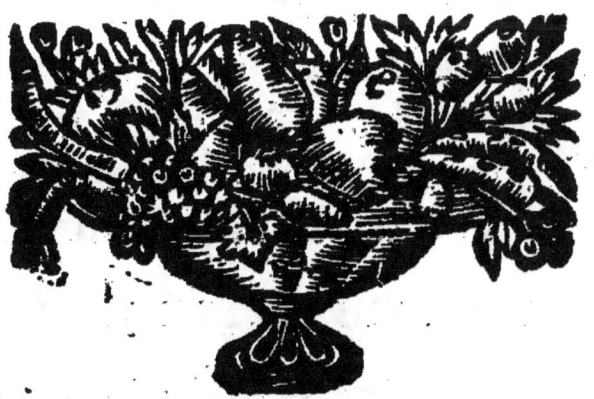

ALEXANDRE VERONESE.

IL étoit de Vérone. Comme il avoit de la difposition pour le Deffin, il en aprit les Principes d'un Peintre apellé Felix Riçci, dont il a fuivi la maniere, qui, quoique foible & léchée, ne laiffe pas d'être agréable. Quand il a voulu s'en écarter il a fait des Tableaux qui tiennent du Correge pour le Coloris & du Guide pour les airs de Têtes. Il peignoit toutes fes Figures d'après Nature, & commençoit tout d'un coup fes Tableaux fans faire ni Deffin, ni Efquiffe. Il mourut en 1670. âgé de foixante & dix ans.

LA CHASTETE DE JOSEPH.

Peint fur une pierre de touche, haut d'un pied deux pouces & demi, large d'un pied fix pouces.
Figures de dix-huit pouces.

Monfieur le Duc.

Putiphar à demi-nue veut arê-

ter Joſeph qu'elle tire par ſa robe,
il la repouſſe & s'enfuit. Le fond du
Tableau eſt noir, de la couleur
de la pierre de touche ſur laquelle
il eſt peint.

APARITION DES ANGES A ABRAHAM. Gen. ch.
XXVIII.

Peint ſur toile, haut de trois pieds ſept pouces,
large de cinq pieds un pouce.
Figures de grandeur naturelle.

Abraham eſt à la porte de ſa
maiſon, s'inclinant devant trois
jeunes hommes dont celui du milieu paroît lui parler. Derriere ce
Patriarche, à la porte en dedans
eſt Sara dont on ne voit que la tête,
elle ſemble écoûter ce que dit cet
Ange à ſon mari. Le fond du Tableau eſt d'un blanc ſale. Les Anges ſont juſqu'aux genoux.

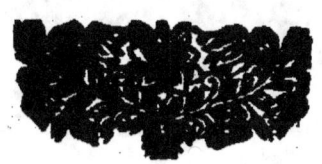

ANDREA SACCHI.

CE Peintre naquit à Rome en 1594. & fut Eleve de l'Albane dont il semble que le Génie avoit passé en lui, ayant sa tendresse & son Coloris. Il a beaucoup peint au Vatican, & a fait quantité de Tableaux pour des Particuliers. Son Ecole étoit remplie d'un grand nombre d'Etudians. Il mourut à Rome à soixante & dix ans.

UN PORTEMENT DE CROIX.

S. Luc ch. 23. v. 26.

Tableau cintré sur toile, haut de deux pieds trois pouces, large d'un pied six pouces.
Figures dans la proportion de vingt pouces.

Nôtre-Seigneur succombant sous le poids de sa Croix qu'on lui charge, a la main gauche à terre. Une femme que le vulgaire apelle la Véronique, est derriere J. C. à genoux, tenant un mouchoir où eſt empreinte l'Image du Sauveur, & un des boureaux la repouſſe. Plus haut eſt un homme à cheval, & au-deſſous dans le lointain on aperçoit un Vieillard. Le fond du Tableau eſt un Paiſage.

ADAM ET ABEL.

Haut de trois pieds un pouce, large de cinq pieds deux pouces.
Petite Nature.

Abel ayant une peau d'agneau au tour du corps eſt ſur le devant qui expire, portant la main droite à ſa tête. Adam couvert d'une peau de belier eſt plus haut qui le regarde : ſon atitude & ſes geſtes marquent ſa douleur & ſon reſſentiment : il eſt agenoüillé pour mieux conſidérer ſon Fils, a un bras étendu en arriere, & éléve l'autre ſur ſa tête, ayant le point fermé pour témoigner ſa colere.

ANDRE' DEL SARTE.

CE Peintre né à Florence en
1478. eut pour Pere un
Tailleur, ce qui lui donne fon
furnom. On voulut d'abord lui faire aprendre l'Orfévrerie, mais comme il s'ocupoit plus à deffiner qu'à
travailler, on le mit à la Peinture.
Jean Bafile, mauvais Peintre, fut
fon prémier Maître, qu'il quita
pour s'atacher à Pierre de Cofino ;
mais la mauvaife humeur de celui-
ci qui étoit vieux, fut caufe qu'André del Sarte fe retira : fon aplication continuelle à deffiner d'a-
près Michel Ange & Leonard de
Vinci, & la Nature acheverent de
le perfectionner. Il eft vrai qu'il
n'a pas eu un certain feu, aiant le
Génie peu vif. Son Deffin eft
affez corect, fon Coloris eft admirable, fes Figures font bien difpo-

fées, il entendoit bien le nu, fes airs de Têtes font gracieux & fes Draperies font bien jetées. Il a fait beaucoup de Vierges, copioit en perfection de maniere qu'on s'y méprenoit. Il fut apelé en France par François I. & y aiant fait quelques Tableaux, il retourna à Florence où il mourut de la pefte en 1530. à quarante deux ans.

ÆLEDA.

Ovide
Metam,
L. 6.

Peint fur bois, haut de trois pieds deux pouces, large de deux pieds quatre pouces.
Figures de demi-nature.

La Fille de Tyndare embraffe le Cygne, au bas du Tableau on voit *La Reine de Suede,* fes quatre enfans Pollux & Héléne, Caftor & Clytemneftre, un de ceux à droit regarde l'autre; l'œuf eft derriere eux caffé & les coquilles font féparées. Un de ceux à gauche eft encore à moitié dans la coque, & l'autre qui aparemment eft Helene a un Diademe, & paroît dormir. Le fond du Tableau eſt un Paiſage avec un bâtiment ruſtique & quatre Figurines, dont une eſt un Cavalier qui ſe préſente pour entrer dans la maiſon.

LUCRECE.

Peint ſur bois, haut de quatre pieds cinq pouces, large de trois pieds trois pouces. Figure de grandeur naturelle.

M. Dorat   Cette fameuſe Romaine eſt nue ſur ſon lit, & la couverture qui eſt d'étoffe changeante lui couvre ſeulement la cuiſſe droite. Son attitude eſt telle que s'élevant au chevet, elle touche de la main gauche le doſſier, & ſe plonge de la droite un poignard dans le cœur. Il y a à côté du lit dont le pavillon qui eſt vert, fait le fond du tableau, un fauteuil ſur lequel eſt ſa chemiſe.

ANDRE'

ANDRE SCHIAVON.

CE Peintre né en 1522. à Sebe-
nico en Dalmatie de parens
pauvres qui vinrent demeurer à Venife, prit un tel goût pour la Peinture qu'il réfolut de s'atacher à cet
Art. Il fe mit à deffiner d'après les
Eftampes du Parméfan, & il fre-
quentoit les Peintres, les fervant
pour avoir leurs avis & en tirer des
Deffins. Il étudia en fuite les Ouvrages du Georgion, & fe fit une
Maniere qui auroit dû lui donner
place parmi les grands Peintres, fi
la correction de fon Deffin avoit
égalé la beauté de fon Coloris:
mais la néceffité où il étoit réduit
qui l'obligeoit de travailler avec
promtitude & prefque pour rien,
afin de pouvoir vivre & faire fub-
fifter fes parens, ne lui donna jamais le tems de s'apliquer à cette
partie qui eft l'ame de la Peinture.
Il mourut en 1582.

B

UN PHILOSOPHE,

Peint ſur toile, haut de trois pieds neuf pouces, large de deux pieds dix pouces.
Fig. de grandeur naturelle.

Il eſt juſqu'aux genoux & aſſis,
aiant une grande barbe noire, &
pour vêtement une robe fourée. Il
tient un Manuſcrit. Le fond du
Tableau eſt brun.

UN CHRIST MORT.

Peint ſur toile, haut de trois pieds ſix pouces,
large de deux pieds onze pouces.
Fig. preſque dé grandeur naturelle.

Un Ange ſort Nôtre Seigneur
du tombeau en préſence de Nico-
deme. Les Figures ſonr entieres,
à l'exception des jambes; le fond
du Tableau eſt noir, laiſſant entre-
voir du Paiſage dans le coin à
gauche.

PILATE QUI SE LAVE LES MAINS ,

S. Math,
ch. 27.
v. 24.

Peint fur toile, haut de trois pieds dix pouces,
large de fix pieds.
Fig. de grandeur naturelle.

Il eſt aſſis , & un jeune garçon *La Reine*
lui verſe de l'eau ; Notre Seigneur *de Suede.*
eſt vis-à-vis un peu plus qu'à mi-
corps, les mains liées & entouré de
Satellites. Derriere Pilate , on voit
un de ſes Oficiers qui regarde. Le
fond du Tableau repréſente une
ſale , où par une fenêtre ouverte à
droit on voit un bout de ciel.

UN CHRIST AU TOMBEAU.

Peint fur bois , haut de dix pouces , large de
huit pouces.
Fig. de neuf pouces.

Nôtre Seigneur avec ſon linceul *M. Foreſt.*
prêt à être mïs dans le tombeau eſt
ſoûtenu par un Ange. Le fond du
Tableau eſt brun.

ANDRE' SOLARIO.

CE Peintre furnommé del Gob-bo, étoit de Milan. Il a été Difciple de Leonard de Vinci.

S. Math. ch. 14.

HERODIAS,

Peint fur bois, haut de quatre pieds, large de deux pieds huit pouces.
Fig. de petite nature.

Elle eft en pied, coëfée en cheveux, & vêtue de rouge avec une draperie brune qu'elle foutient de fa main gauche, la manche de fa chemife du même côté eft relevée au-deffus du coude, fa main droite fait un gefte demonftratif au fujet de la Tête de faint Jean qui eft dans un baffin fur une table, & que le Satellite qui l'a coupée, tient encore par les cheveux. Quoique cette cruelle fille détourne la tête, fa joie ne laiffe pas d'être marquée

sur son visage. Il y a une femme
entre elle & le soldat ; mais on n'en
voit que la tête, qui est extrémement dans l'ombre. Le fond du Tableau est brun.

ANNIBAL CARRACHE.

ANtoine Carrache de Crémone, Tailleur de profeſſion, étant venu s'établir à Bologne, eut deux fils Auguſtin & Annibal ; le prémier s'atacha à la Peinture & à la Gravure;pour Annibal,il fut mis d'abord chez un Orfévre , aprenant pour l'uſage de cette profeſſion à deſſiner de Louis Carrache ſon Couſin, habile Peintre, qui découvrit dans ſon Eleve une ſi grande diſpoſition pour la Peinture , qu'il le prit chez lui. Il y fit un extrême progrès ; mais ſe ſentant capable d'aller plus loin par lui-même, il s'attacha à étudier le Correge & le Titien : & c'eſt à ces deux grands Maîtres qu'il a dû une partie de ſon mérite. Son Goût de Deſſin ſe fortifia à Rome, enſorte qu'il ſe trouve compoſé de l'Antique, de la

Nature & de celui de MichelAnge; ce qui fait qu'il eſt plus prononcé dans ſes derniers Ouvrages. Ses Expreſſions ſont vives, repréſentant bien les mouvemens de l'ame, & ſon exécution eſt ferme. Il a excelé dans le Paiſage, aiant mis dans tous les Objets un caractére qui fait reconnoître la Nature. Il mourut en 1609. à quarante-neuf ans, étant né en 1560.

Au reſte les trois Carraches furent ſi unis, qu'ils n'ont compoſé qu'une ſeule Ecole, qui ne les a pas moins immortaliſés que leurs propres Ouvrages, & ils ont eu la gloire de ſoutenir la Peinture qui commençoit à décliner, quand ils vinrent au monde.

UN CRUCIFIX.

Peint ſur bois, haut de deux pieds ſept pouces, large d'un pied trois pouces.
Figure de vingt pouces.

Notre Seigneur eſt ſur la croix, & vient d'être percé au côté. Le

fond du Tableau eſt un Paiſage.
Tout ſur le devant à gauche on voit
une Tête demort avec des os.

S. ROCH AVEC UN ANGE.

Peint ſur toile, haut de deux pieds, large de
deux pieds ſix pouces.
Demi-figure de grandeur naturelle.

Ce Saint a le viſage extenué.
Il eſt habillé de gris avec un
manteau de même couleur, & a
les yeux élevez au Ciel. Il tient un
Crucifix de la main gauche & ſon
bourdon de la droite. Un Ange vêtu de blanc eſt à côté de lui, le regarde & lui montre le Ciel. Le
fond du Tableau eſt un Paiſage.

S. JEROME, ET LA MADELEINE

QUI BAISE LES PIEDS A L'ENFANT JESUS.

Peint ſur toile, haut de ſix pieds trois pouces,
large de quatre pieds ſix pouces.
Fig. de grandeur naturelle.

M. de Nancré.

La Vierge habillée de rouge
avec une draperie bleuë eſt aſſiſe,
& l'Enfant Jeſus eſt ſur elle. Il re-

garde à gauche un Ange qui lui
montre un livre ouvert , & à droit
il a fa main fur la tête de fainte
Catherine qui eft vetuë de jaune &
eft à genoux : derriere cette Sainte
on voit un enfant qui tient un petit pot ; à gauche eft faint Jerome
caractérifé par fon Lion , tenant de
la main droite un rouleau à l'antique. Le fond du Tableau eft un pavillon avec un Paifage dans le
lointain.

LE CALVAIRE.

Peint fur toile, haut de trois pieds neuf pouces, large de trois pieds deux pouces.
Fig. dans la proportion de deux pieds.

Notre Seigneur eft crucifié entre les deux Larrons, un des bour-
reaux eft au haut de l'échelle , &
a détaché l'Ecriteau qu'il donne à
un autre qui eft au pied de l'échelle. Sur le devant du Tableau on voit
la Vierge & la Madeleine affifes,
& faint Jean qui leur parle. Les té-
nébres obfcurciffent le Tableau.

M. de Noffé.

B v

L'ENFANT PRODIGUE.

S. Luc.
ch. XV.
v. 2.

Peint fur toile, haut de huit pieds cinq pouces,
large de cinq pieds neuf pouces.
Fig. de grandeur naturelle.

Le Veftibule de la maifon pater-
nelle de l'Enfant prodigue où il y a
une fenêtre ouverte qui fait voir
un Paifage, & un bout de ciel, fait
le fond de ce Tableau & en eft la
Scene. L'Enfant prodigue maigre,,
décharné, vêtu de haillons, refte
d'un beau vêtement bleu, eft à genoux fur la prémiere marche du
palier, demandant pardon à fon
Pere qui lui tend les bras, fituation
touchante, qui exprime également
la tendreffe du Pere & le repentir
du Fils. Derriere le Pere il y a une
fenêtre, & derriere cette fenêtre
un homme dont il ne paroît que la
tête & la main avec laquelle il fait
un figne. A droit on voit une fille
baiffée qui regarde du même côté,
& au deffus un jeune homme aiant
une draperie écarlate : c'eft le Fils

aîné qui témoigne par fon regard
& par fes bras ouverts, n'être pas
content de l'accueil que fon Pere
fait à fon Frere. Au haut du Tableau paroît une Gloire avec le
Pere Eternel & un Ange nu, vû
par le dos, affis fur une nuée. Au
comble de la maifon qui eft en terraffe font des gens qni regardent.

UNE DESCENTE DE CROIX.

**Peint fur toile, haut de deux pieds dix pou-
ces, large de trois pieds quatre pouces.
Fig. de demi-nature.**

Le fond du Tableau eft brun, & *M. de*
laiffe feulement voir un bout de *Seignelay*
Paifage dans le coin à gauche. Le
Chrift eft étendu au bas du Tableau ayant la tête & la moitié du
corps fur les genoux de la Vierge
qui paroît évanouie, elle eft foutenuë par une femme : une autre
femme qui a les bras ouverts la regarde avec beaucoup de douleur,
& une troifiéme adore le Chrift.
Ces trois femmes font les trois

Maries. La derniere eſt la Madeleine.

LA SAMARITAINE.

S. Jean
ch. IV.
v. 6. &
ſuiv.

Peint ſur toile, haut de deux pieds quatre
pouces, large de deux pieds.
Fig. d'environ dix-huit pouces.

M. de Seignelay Elle a le dos au Puits comme
pour s'en aller, & ſa cruche eſt à
côté d'elle ſur une des marches.
N. S. aſſis à ſa gauche & tourné
vers elle a le bras droit apuié ſur
le Puits & le gauche élevé, pa-
* Si vous connoiſſiez le don de Dieu roiſſant montrer le Ciel à la Samaritaine qui le regarde & l'écoute. *
S. Jean
ch. IV.
v. 10.
Derriere le Puits & à gauche ſont
les Diſciples qui témoignent de la
ſurpriſe de leur entretien. Le fond
du Tableau repréſente un Paiſage avec des ruines d'Architecture
d'Ordre Corinthien.

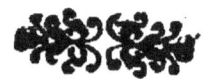

LE BAIN DE DIANE OU CALISTO.

Peint fur toile, haut de deux pieds neuf pouces, large de trois pieds un pouce.
Fig. d'un pied de haut.

Paifage avec un ruiffeau fur le M. *Tam-*
devant, & huit Figures nues qui *beneau,*
repréfentent Diane & fes Compagnes. Elle eft affife fur fa draperie
tenant fon dard renverfé, fes chiens
font proche d'elle & il y a une Nymphe à fes pieds qui la déchauffe.
Cette Déeffe iritée montre du
doigt Califto, à qui l'on ôte de force
fa chemife & dont la groffeffe paroît; la Nymphe baiffe les yeux & la
honte la fait rougir; fes armes font
contre un grand arbre qui coupe le
Paifage. Une Nymphe à mi-corps
dans l'Eau qui voit également Diane & Califto, témoigne un étone-
ment d'indignation.

LA TOILETE DE VENUS.

Peint fur toile, haut de deux pieds neuf
pouces, large de trois pieds un pouce.
Fig. de dix pouces.

Mr. Tam-
bonean,　　C'eft un Paifage orné de Fontai-
nes jaliffantes, Vénus eft fur fon
Char atelé de deux Pigeons qui fe
baifent. Les Graces forment un
Groupe. Une la peigne, une lui
treffe les Cheveux, & la troifiéme
lui tient un miroir. Deux Amours
portent un baffin rempli de Fleurs,
un autre les fuit, aiant fur la tête
un vafe, & deux autres volent
dans les airs.

SAINT ETIENNE.

Peint fur bois, haut de dix pouces, large
de fix pouces.
Fig. d'environ huit pouces.

Le Cardi-
nal Ma-
zarin.　　Ce Saint eft à genoux, on voit
une Gloire avec deux Anges qui
tiennent une couronne au deffus
de fa tête. Derriere faint Etienne il
y a un lointain qui repréfente un
Paifage.

S. JEAN QUI MONTRE LE MESSIE.

Peint fur cuivre, haut d'un pied huit pouces,
large d'un pied quatre pouces.
Fig. dans la proportion de dix-huit pouces.

La Scene du Tableau eft un Pai- *M. Pail-*
fage, où l'on voit fur le devant à *l.t.*
gauche S. Jean vêtu de fa peau de
chameau, doublée d'écarlate, qui
montre le Meffie qui eft dans le
lointain à droit fur une montagne.

LA VISION DE S. FRANCOIS.

Peint fur cuivre, haut d'un pied fix pouces &
demi, large d'un pied deux pouces.
Figure d'un pied.

La Vierge tient l'Enfant Jefus *M. de*
qui benit ce Saint qui eft extafié & *Laumay.*
foutenu par un Ange. Le fond du *Directeur de la Mo-*
Tableau eft un Portique d'Archi- *noie des*
tecture d'Ordre Dorique avec du *Médail-*
Paifage. A droit dans le lointain *les.*
paroît S. Jofeph apuié fur un âne.

SAINT ETIENNE.

Peint fur toile, haut d'un pied dix pouces;
large d'un pied fix pouces.
Figure prefque de demi-nature.

La Reine
de Suede. Ce prémier Martir eft prefque à
mi-corps avec deux bouts de main
l'une fur l'autre, tenant de la gauche une Palme.

Act. des
Apôtres LE MARTIRE DE S. ETIENNE.
ch. VII.
v. 57. & Peint fur cuivre, haut d'un pied huit pouces;
fuiv. large d'un pied quatre pouces.
Figure d'environ dix pouces.

Le Cardi-
nal Ma- Le fond du Tableau repréfente
zarin. les murs d'une Ville. S. Etienne eft
étendu à terre, trois boureaux lui
jetent des pierres, & un quatriéme
en ramaffe. S. Paul eft fur le devant
qui garde leurs habits. On voit
dans le lointain des Soldats & des
Spectateurs, & au haut une Gloire.

S. JEAN AVEC UNE GLOIRE.

Peint fur cuivre, haut d'un pied fix pouces &
demi, large d'un pied deux pouces.
Fig. d'environ dix pouces.

Le fond du Tableau eft un Pai- M. de
fage, & S. Jean eft fur le devant à Nancré.
moitié à genoux fur une petite
bute, aiant l'eftomac, les bras,
& la jambe gauche nuë. On voit au
haut du Tableau une Gloire qui
en tient toute la largeur, elle eft
compofée de quatre Anges de fuite, dont un regarde S. Jean & les
trois autres touchent divers Inftrumens de Mufique.

UNE SAINTE FAMILLE
Tableau connu fous le nom
DU RABOTEUX.

Peint fur toile, haut d'un pied neuf pouces,
large de deux pi ds trois pouces.
Fig. d'un pied ou environ.

S. Jofeph eft prêt à marquer un M. de la
trait fur une planche avec un cor- Raveis.
deau, dont l'Enfant Jefus tient le
bout, la planche eft fur un établi

de Menuiſier, où l'on voit pluſieurs outils de cette profeſſion. La Vierge eſt à droit & coud. Le fond repréſente de ce même côté la maiſon de St Joſeph, & à gauche un Paiſage.

LA PROCESSION DU S. SACREMENT.

Peint ſur toile, haut d'un pied trois pouces, large d'un pied ſix pouces.
Figurines.

Le Duc de Noailles. Le Peintre a repréſenté le tems de la Fête-Dieu. Le repos du Site, la beauté du ciel, la fraîcheur des arbres, la limpidité de l'eau, tout marque cette ſaiſon. Le fond du Tableau eſt un Paiſage où l'on voit dans le lointain une Ville, & ſur diférens plans du devant une Riviere, un Pont & une Egliſe d'où ſort la Proceſſion, dont la Marche s'étend ſur toute la longueur diſparoiſſant inſenſiblement à droit dans un chemin creux bordé d'arbres. Il y a ſur la Riviere une barque où ſont trois hommes qui regardent paſſer cette Proceſſion.

UNE Ste FAMILLE APELE'E LE REPOS.

C'eſt le tems de la fuite en Egypte.

Peint ſur bois, haut d'un pied huit pouces, large d'un pied onze pouces.
Figure d'un pied.

Le fond du Tableau eſt un Paiſage avec une Mer dans le lointain, & des Vaiſſeaux. Le devant repréſente la Vierge aſſiſe tenant l'Enfant Jeſus nu qui dort : un Ange eſt à côté de S. Joſeph vis-à-vis à droit qui regarde. On voit au haut deux Anges en l'Air, dont un répand des fleurs.

M. Tambonneau,

PAISAGE AU BATELIER.

Peint ſur toile, haut de trois pieds neuf pouces, large de cinq pieds trois pouces
Fig. d'environ quinze pouces.

Le Site de ce Paiſage eſt très-varié. Le devant repréſente une Riviere ſur laquelle eſt une barque avec deux Chaſſeurs armés de grandes arquebuſes. Le Bâtelier eſt nu & debout, un pied ſur le bord de la barque, & le corps apuié ſur

M. d'Hantefeuille.

foh aviron dont le bout eft dans
l'eau. L'atitude de ce Bâtelier &
fon efort pour faire avancer la barque ont donné le nom au Tableau.
Il y a à droit dans l'eau une maifon élevée fur des pieux qui eft un
moulin, dont une échelle fait l'ef-
calier où un homme monte portant un fac de grain. Une petite
barque où eft encore un Chaffeur,
fort de deffous. Plus haut paroît
une tour avec quelques fabriques.
A gauche font de grands arbres
avec des rofeaux, dans lefquels fe
perd la Riviere ; & l'on voit dans
l'eau un homme qui femble vouloir tirer quelque chofe avec un
croc, & un autre qui eft derriere
affis dans les rofeaux. Au deffus
dans le lointain il y a une grange,
un meulon de foin à côté avec l'é-
chelle deffus pour y monter, &
tout proche un homme & une
femme.

PAISAGE AUX CHEVAUX.

Peint fur toile, haut de trois pieds neuf
pouces, large de cinq pieds trois pouces.
Fig. d'environ quinze pouces.

De grands Arbres à droit & à gauche fur le devant, des Monta-
gnes dans l'éloignement terminées par une fort haute, des Bofquets & quelques Fabriques forment le Site de ce Paifage, où fe fait une Chaffe. On voit fur le devant dans le milieu deux Cavaliers, montés l'un fur un cheval noir & l'autre fur un cheval blanc, dont l'atitu-de ne montre que la croupe. Ils vont à toutes jambes pour joindre des Chaffeurs qui courent dans les montagnes. Le prémier de ces deux Cavaliers qui paroît être le Maî-tre de l'autre, vû feulement par le dos, fe tourne & fait figne à un troifiéme auffi de fa fuite qui entre dans un Bois à gauche, de rebrouf-fer. Plus fur le devant encore eft à droit un Piqueur qui acouple deux

M. d'Haute-feuille.

chiens : & plus haut tout au bord
du Tableau dans des brouffailles
eft un homme dont on ne voit que
la tête, fe tenant à une branche
d'arbre, qui le regarde.

SAINT JEAN QUI DORT.

Peint fur toile, haut de trois pieds deux pouces, large de deux pieds quatre pouces.
Figure de grandeur naturelle.

M. de
Nancré.
Ce Saint eft repréfenté enfant.
Il eft nu couché fur fa peau de
chameau, un bras fur fa tête, &
tient de la main gauche fa Croix
qui le caractérife. Le fond du Tableau eft un Paifage.

SAINT JEAN AU DESERT.

Peint fur toile, haut de quatre pieds, large
de trois pieds.
Figure de demi-nature.

Il a une fimple Draperie au milieu du Corps, & eft à moitié couché à terre, s'apuiant fur le bras
gauche dont il tient fa Croix. Il fe
tourne un peu pour tendre une

taſſe à une fontaine. Le fond eſt un Paiſage.

SAINT ROCH.

Peint ſur toile, haut de ſept pieds deux pouces, large de quatre pieds onze pouces.
Fig. de grandeur naturelle.

Ce Saint eſt ſur le devant à ge- *L'Egliſe*
genoux, la cuiſſe gauche décou- *de S. Eu-*
ſtache.
verte où paroît la marque de la
Peſte. La Vierge environnée d'une
lumiere éclatante, le pied droit
apuié ſur la Tête d'un Cherubin,
& tenant l'Enfant Jeſus, lui apa-
roît. Elle a un grand manteau
bleu qu'elle étend ſur ce Pelerin,
dont on voit le bourdon & la be-
ſace au bas du Tableau : ſon chien
eſt devant lui, aiant un pain dans la
gueule : le fond eſt rempli de Cherubins.

DANAE.

Peint ſur toile, haut de cinq pieds cinq pouces, large de huit pieds dix pouces.
Figure de grandeur naturelle.

La Fille d'Acriſe eſt nuë cou-

chée fur un lit garni de draps qui
a un pavillon cramoifi. Elle a le
coude gauche apuié fur le traverfin, ce qui l'éléve un peu, & regarde tomber la Pluie d'Or, ran-
geant même un rideau pour la
mieux voir. L'Amour eft fur le
devant à droit qui tient de la main
gauche fon carquois dont il a ôté
les fléches, & de la droite il le
remplit des Piéces d'Or qui tombent. A gauche on voit une urne
ornée de bas-reliefs. Le lointain
repréfente un Paifage qui fait partie du fond.

LE PORTRAIT D'ANN. CARRACHE.

Peint fur toile, haut d'un pied dix pouces,
large d'un pied fix pouces.
Figure de grandeur naturelle.

Ce Peintre eft habillé de blanc
avec un colet à l'Italienne, & a un
chapeau gris. Le fond du Tableau
eft un mur dont une moitié eft
éclairée.

UN

UN PORTRAIT.

Peint fur toile, haut d'un pied dix pouces,
large d'un pied fix pouces.
Demi-Figure de grandeur naturelle.

Un Homme vêtu de noir avec un bonnet de même couleur, aiant la main gauche à fon vifage. Le fond eft d'un brun clair.

HERCULE ETOUFANT DES SERPENS.

Peint fur bois, haut de fix pouces & demi,
large de cinq pouces & demi.
Figure d'environ neuf pouces.

Ce Heros eft repréfenté par un Enfant nu à moitié hors de fon lit qui étoufe des Serpens. Le fond du Tableau eft brun.

Le Duc de Ven- dôme.

VENUS ET L'AMOUR.

Peint fur cuivre, haut de deux pieds demi-
pouce, large de deux pieds.
Ovale.

La Déeffe nue aiant une coëfure blanche, eft affife fur fon lit, tenant fon Fils qui la baife.

C

ANTOINE CORREGE.

QUand il plaît à la Nature, elle fait des miracles : c'eft ce qui s'eft vû dans le Correge, apelé ainfi d'une Ville du Modenois , où il prit naiffance en 1472. Il n'a dû fon mérite qu'à fon Genie & à fon travail. Quelle Compofition! quelle fublimité de Penfées ! quelle grandeur de Deffin qui ne laiffe à defirer qu'un peu plus de correction ! quelle beauté dans fes airs de Têtes ! quelle fineffe d'Expreffion ! quel Pinceau ! Il peignoit la Nature comme il la voyoit, & il la choififfoit toujours belle, conduit par l'excellence de fon gout, fans avoir eu de Maîtres , fans avoir vû ni Rome ni les Antiques. Enfin il y a un charme ataché à fes Peintures qui ne touche pas moins les Ignorans que les Connoiffeurs. Cependant avec toutes ces perfections il

penſoit ſi modeſtement de ſon mérite qu'il ne ſe crut Peintre qu'a-
près que la réputation de Raphaël
l'eût fait aller à Rome, où aiant
conſidéré long-tems les Tableaux
de ce grand Maître dans un profond
ſilence, tout ce qu'il dit, fut, *anche
io ſon Pittore*. Il mourut dans ſa Patrie en 1512. âgé ſeulement de quarante ans pour s'être fatigué à avoir
fait douze milles dans les grandes
chaleurs, chargé de Quadrins pour
deux cens livres qu'il avoit reçus à
Parme.

On eſt aujourd'hui partagé ſur
l'origine de cet habile Peintre. L'o-
pinion la plus générale eſt qu'il
étoit d'une baſſe extraction, né de
Parens ſi pauvres qu'ils n'avoient
pas eu le moien de lui donner aucune éducation.

Cependant le choix de quelques-
uns de ſes Sujets & la maniere ſavan-
te de les traiter, ſemblent favoriſer
le ſentiment de ceux qui prétendent
avoir découvert qu'il étoit d'une

C ij

noble Famille de Correggio nommée Allegri, qu'il avoit esté élevé avec beaucoup de soin, & dans la connoissance des Lettres & des Arts ; & que loin d'être pauvre, il possedoit des Terres, & laissa de grands biens à un fils nnique qu'il avoit : ce qui feroit douter de la cause de sa mort.

UNE MADELEINE.

Peint sur toile, haut d'un pied six pouces, large d'un pied deux pouces.
Petite nature.

Cette Penitente joint les mains, regarde un Crucifix d'un air fort touché & pleure. Le fond est brun.

UN NOLI ME TANGERE.

Peint sur toile, haut de trois pieds huit pouces, large de deux pieds onze pouces & demi.
Figure dans la proportion de deux pieds.

La Reine de Suede. Notre Seigneur a un linceuil qui lui couvre presque tout le corps, & la Madeleine est à ses pieds, elle a par dessus sa robe une espéce de mante violete, sa boëte aux Parfums eſt proche d'elle. Le fond du Tableau eſt un Paiſage qui repréſente dans le lointain à droit une Roche, dont le deſſous forme un antre où l'on voit la Madeleine.

ɫ I O.

Peint ſur toile, haut de trois pieds trois pouces, large de deux pieds ſept pouces & demi.
Figure de grandeur preſque naturelle.

Ovide Metam. liv. 1.

La Fille d'Inachus eſt aſſiſe ſur une Terraſſe, & vûe par le dos, aiant la tête panchée en arriére, enſorte que le viſage paroît ; elle eſt pâmée, la nuée commence à l'enveloper, laiſſant apercevoir un bout de tête & une main qui l'embraſſe. De l'endroit de la Terraſſe ſur lequel elle a le bras droit apuié, il ſort de l'eau qui tombe dans une urne, & forme enſuite un petit ruiſſeau, dans lequel boit un cerf dont on ne voit que la tête. Au haut du Tableau au-deſſus de la nuée eſt un bout de ciel bleu.

La Reine de Suede.

ᴌ E D A.

Peint fur toile , haut de quatre pieds dix pouces & demi , large de cinq pieds
onze pouces.
Figure de grandeur prefque naturelle.

La Reine
de Suede.
La Femme de Tyndare eft affife
nue fur une Terraffe & apuiée contre un arbre aiant fur elle le Cygne
qu'elle regarde amoureufement.
On voit derriere elle fa Suivante
qui tient fes habits.

Deux E-
pifodes
mis pour
marquer
le com-
mence-
ment &
la fin des
amours
de Jupi-
ter.
A droit Léda fe baigne & badine avec le Cygne qui s'aproche
d'elle , & derriere un peu plus haut
fa Suivante lui remetant fa chemife elle regarde envoler le Cygne.

A gauche il y a trois Amours ,
un grand & deux petits , & tous
trois tiennent des Inftrumens de
Mufique dont ils jouent.

Le fond du Tableau eft un Paifage.

DANAE'.

Peint fur toile, haut de quatre pieds dix pouces & demi, large de cinq pieds dix pouces.
Fig. de grandeur naturelle.

La Fille du Roy d'Argos eſt aſ- *La Reine*
fiſe fur un lit dont un Amour aîlé *de Suede.*
défait le drap de deſſus qu'elle retient; un commencement de nuée
dorée perce le pavillon. On voit
au bas du Tableau à droit deux
Enfans dont un aiguiſe un dard
fur une pierre que l'autre tient. A
gauche au défaut du pavillon on
voit dans l'éloignement une fabrique avec un ciel bleu.

L'EDUCATION DE L'AMOUR.

Peint fur toile, haut de quatre pieds neuf
pouces, large de trois pieds quatre pouces.
Fig. à peu près de grandeur naturelle.

Mercure nu avec fon pétafe & *La Reine*
fes talonieres eft affis & montre à *de Suede.*
lire à l'Amour qui eft devant lui.
A côté Vénus Celefte qui eft aîlée,
a le bras gauche apuié fur le bord

C iiij

du pétafe de Mercure, & le droit
étendu touchant de la main les aîles de l'Amour. Le fond eft une
Roche entourée de petits arbres.

L'AMOUR QUI TRAVAILLE SON ARC.

Peint fur toile, haut de quatre pieds trois pouces , large de deux pieds quatre pouces
& demi.
Fig. de grandeur naturelle.

La Reine de Suede. Il eft reprefenté par un jeune
Garçon aîlé, âgé d'environ quinze
ans, on lui voit le vifage, quoiqu'il
ait le corps prefque entiérement
tourné, & qu'il foit courbé dans
l'atitude d'un homme qui travaille-
le à un Ouvrage rude. Il a les jambes écarfées entre lefquelles paroiffent deux Enfans, dont l'un rit &
l'autre pleure, ce qui femble marquer les peines & les plaifirs de l'a-
mour. Le fond eft brun.

LE MULET.

Peint fur toile, haut de deux pieds un pouce
& demi, large de deux pieds dix pouces
& demi.
Fig. d'un demi pied.

On prétend que c'eſt une Enſei- *La Reine*
gne que ce Peintre avoit faite pour *de Suede.*
ſon Hôte, quoique la perfection
de ce Tableau faſſe douter qu'il ait
ſervi à cet uſage. Il repréſente un
grand Mulet chargé, ſuivi d'un petit, & conduits par un Muletier
qui parle à un Paiſan qu'il paroît
arêter. Le fond eſt un Paiſage.

UNE SAINTE FAMILLE.

Peint ſur bois, haut d'un pied quatre pouces,
large d'un pied un pouce.
Fig. de dix-huit pouces.

La Vierge eſt aſſiſe contemplant *La Reine*
l'Enfant Jeſus qu'elle tient ſur ſon *de Suede.*
ſein. S. Joſeph auſſi aſſis, mais un
peu de côté, tourne la tête pour
les regarder. Le fond eſt un Paiſage.

*LE DUC VALENTIN.

Peint fur toile, haut de deux pieds fept pouces, large de deux piedes deux
pouces.
Portrait à mi-corps de grandeur naturelle.

*La Reine
de Suede.*
Il tient un poignard, & le fond
du Tableau eft un Paifage.

DEUX ETUDES.

*La Reine
de Suede.*
Peints fur toile, haut de quatre pieds quatre
pouces, large de trois pieds quatre
pouces.
Fig. de grande nature.

Ce font deux Tableaux dont
l'un repréfente huit Têtes dans des
atitudes diferentes avec un bout de
main qui tient une épée : & l'autre
plufieurs Têtes de même avec
quelques figures à mi-corps, dont
une eft vêtue de vert.

* C'eft le fameux Céfar Borgia fils d'Alexandre VI.
Louis XII. l'avoit fait Duc de Valentinois.

LE ROUGEAU.
Grandeur naturelle.

C'eſt le Portrait d'un gros Garçon fort rouge. Le fond du Tableau eſt très-brun.

LA VIERGE AU PANIER.

Peint ſur bois , haut de treize pouces , large
de dix pouces.
Fig. dans la proportion de quinze pouces.

La Vierge vêtue de rouge pâle
eſt aſſiſe , & l'on lui voit le pied
gauche , l'Enfant Jeſus eſt ſur ſes
genoux , aiant une draperier elevée
juſqu'à ſa poitrine , en bas au coin
à gauche il y a un Panier de jonc.
Le fond eſt un Paiſage coupé par
une colonne. Le lointain repréſente des fabriques & l'entrée d'u-
ne caverne , au devant de laquelle
on voit S. Joſeph qui travaille de
Menuiſerie.

La circonſtance de ce Panier eſt
ce qui a fait nommer ce Tableau ,
la Vierge au Panier , étant ordinai-
C vj

re de donner aux Tableaux des dé-
nominations tirées des choses particulieres qu'ils repréſentent: ainſi
une ſainte Famille de Raphaël où
il a mis deux Poiſſons, eſt apelée
lı Vierge aux Poiſſons ; une autre
de l'Albane où la Vierge lave du
linge, *la Laveuſe*, &c.

ANTOINE MORE.

IL étoit d'Utrecht, & fut Dif-ciple de Jean Schoovel. Il voia-gea dans fa jeuneffe en Italie, & fut apelé dans les Cours d'Efpa-gne, de Portugal & d'Angleterre, où il fit quantité de Portraits qu'on lui paioit bien cher. Il y a auffi quelques Tableaux d'Hiftoire de lui. Il a imité la Nature d'une ma-niere forte & vraie. Il mourut à Anvers en 1597. âgé de cinquante-fix ans.

LE PORTRAIT DE HUGUES GROTUIS.

Fig. de grandeur naturelle.

Il eft prefque à mi-corps aiant une robe noire avec un colet plat qui tourne comme une fraife. Le fond du Tableau eft brun.

UN GE'NE'RAL ESPAGNOL.

Peint fur bois , haut de trois pieds cinq pouces, large de deux pieds fix pouces.
Fig. de grandeur naturelle.

Il eft plufqu'à mi-corps, & a
une grande barbe. Son habillement
eft un bufle & une cimare pardef-
fus, fourée de petit-gris, avec une
chaîne d'or en forme de ceinturon qui porte fon épée fur laquelle
il a la main gauche. Il a au cou
une autre chaîne auffi d'or, où
pend la Croix de Saint Jaques. Le
fond du Tableau eft brun. On lit
à gauche en caracteres Gothiques
el. Sig. Jan-Baptifta Caftilan.

PORTRAIT D'UN ESPAGNOL.

Peint fur bois , haut de trois pieds cinq pouces, large de deux pieds trois pouces.
Fig. de grandeur naturelle.

Mon-
sieur. Il eft jufqu'aux genoux vêtu de
noir avec une fraife. Il a une bague à cachet à l'index de la main
droite qu'il apuie fur le cou d'un
Dogue qui a un colier de cuir gar-

ni de plaques. Le fond du Tableau eſt d'un brun clair.

PORTRAIT D'UN PRETRE.

Peint ſur bois, haut de trois pieds trois pouces, large de deux pieds ſix pouces.
Fig. de grandeur naturelle.

Il eſt à mi-corps, aiant un colet à l'Italienne. Le fond du Tableau eſt brun.

ANTOINE VANDYCK.

IL naquit à Anvers en 1594. Son
Pere étoit Marchand & fa Mere
Brodeufe : enforte que ce fut elle
qui lui mit le Craion à la main.
L'inclination qu'il témoignoit
pour la Peinture engagea fes Parens à l'envoier chez Henri Van
Balen qui étoit un affez bon Peintre. Il fut enfuite Difciple de Rubens qui charmé de fa difpofition
l'avança beaucoup : & comme il
étoit acablé d'Ouvrages, fouvent
il lui faifoit achever fes Tableaux
qui paffoient après pour être entierement de ce grand Peintre. Van
Dyck réüffiffoit parfaitement au
Portrait, ce qui fut caufe qu'il fe
fixa à ce Genre lorfqu'il eut quitté
fon Maître, non qu'il ne fît bien
des Tableaux d'Hiftoire. Rubens
lui confeilla de voir l'Italie. Y étant
allé, il s'arêta d'abord à Venife &

s'atacha fort aux Ouvrages du Titien & de Paul Veroneze. Il paſſa enſuite à Genes & y fit quantité de Portraits. Delà il ſe rendit à Rome, y demeura quelque tems & revint à Genes où il s'embarqua pour la Sicile. La Peſte étant ſurvenuë dans cette Ile, il ſe mit ſur une galere qui le porta à Genes où il ſe trouva pour la troiſiéme fois. Il y fit encore quelque ſéjour, & & retourna dans ſa Patrie. Peu de tems après il fut apelé en Hollande pour y peindre la Famille du Prince d'Orange. Il fit enſuite un tour en France d'où il paſſa en Angleterre étant demandé par le Roy Charles. I. Il y peignit toute la Cour, amaſſa de grands biens, & épouſa la Fille unique du Comté de Gouvry d'une des prémieres Maiſons d'Angleterre, faiſant une grande dépenſe. Il mourut à Londres en 1641. âgé de 42. ans.

Rubens n'a point eu d'Eléve plus digne de lui que Van Dick. Il

s'étoit rempli de fes Maximes, &
elles font reconnoiffables dans fes
Compofitions. Sans être correct,
il a cependant defliné les têtes &
les mains dans la derniere perfection. Ses Portraits font habillés à la
mode du tems, & il les difpofoit
d'une maniere qui leur donne une
vie furprenante & une grace admirable, fachant choifir les atitudes
convenables aux perfonnes & les
momens les plus avantageux aux
vifages. Son Pinceau eft léger, coulant, moëleux, & l'on voit dans
tous fes Ouvrages un grand caractére d'efprit, de nobleffe & de vé-
rité : auffi n'a-t-il été furpaffé pour
les Portraits que par le Titien.
Quoiqu'il ait peu poffédé la partie
du Deffin, & que fes Inventions ne
foient ni fi favantes, ni fi ingé-
nieufes que celles de fon Maître,
fes Tableaux d'Hiftoire ne laiffent
pas d'être fort eftimés. Il eft vrai
que s'étant fait de bonne heure une
grande réputation, il fe négligea

fur les fins & que beaucoup de fes derniers Ouvrages font foibles de couleur & donnent dans le plombé.

UNE TETE D'HOMME.

Peint fur toile, haut d'un pied onze pouces,
large d'un pied dix pouces.

C'eft un Bufte qui repréfente un Homme qui a une fraife avec une chaîne d'or. Le fond eft brun.

UNE TETE DE FEMME.

Peint fur toile, haut d'un pied neuf pouces,
large d'un pied trois pouces.

C'eft une Femme de face qui a un grand mouchoir plat.

LA FAMILLE D'ANGLETERRE.

Peint fur toile, haut de dix pieds un pouce,
large de fept pieds huit pouces.
Fig. de grandeur naturelle.

Charles I. & Henriete de France Mon- fa Femme habillés felon la mode sieur. du tems, font affis chacun dans un fauteüil l'un à côté de l'autre. Le Roy a la main apuiée fur une petite table couverte d'un tapis de velours vert garni d'une frange d'or , fon Sceptre & fa Couronne font pofées deffus. Le Prince de Galles enfant a une robe de velours bleu , & la Reine tient dans fes bras le Duc d'York qui eft vêtu de blanc. Le fond repréfente une efpéce de veftibule avec un pavillon vert & laiffe voir un Paifage dans le lointain où l'on découvre le Palais de Whitehall & Weftminfter. Au bas du Tableau on voit deux petits chiens dont un careffe la Reine.

LE PORTRAIT DE MARIE DE MÉDICIS;

Peint fur toile, haut de quatre pieds, large de trois.
Fig. de grandeur naturelle jufqu'aux genoux.

Mon-
sieur Cette Reine eft affife. Un pavillon pourpre avec un bout de colonne, & du Paifage forme le fond.

LE PORTRAIT DE SNEYDRE.

Peint fur toile, haut de quatre pieds deux pouces, large de trois pieds un pouce.
Fig. de grandeur naturelle jufqu'aux genoux.

Ce Peintre eft affis aiant la main *Monfieur* droite étenduë. Le fond repréfen- *de Noffé.* te de l'Architecture avec un Paifage, & un Ciel coupé par un rideau.

LE PORTRAIT DE LA FEM. DE SNEYDRE.
Fig. de grandeur naturelle.

Elle eft auffi affife. Le fond repréfente de l'Architecture & un
bout de Paifage.

UN HOMME QUI A UNE FRAISE.

Peint fur toile, haut d'un pied dix pouces, *Mon-* large d'un pied fix pouces. *SIEUR.* Demi-figure de grandeur naturelle.
Mis en ovale.

LA VIERGE ET L'ENFANT JESUS.

Peint fur toile, haut de cinq pieds trois pou *Monfieur* ces, large de trois pieds fept pouces. *Corberon.* Figure de grandeur naturelle.

La Vierge a un vêtement rouge,
& laiffe voir le bout de fon pied

gauche, elle embraffe l'Enfant Jefus de la main droite, & de la gauche elle le retient par la jambe. Il
eft nu aiant feulement un linge
qui le couvre un peu pardevant. Le
fond du Tableau eft brun & coupé
à droit par un bout de Paifage.

LE PORTRAIT D'UNE FEMME.

Peint fur toile, haut de fix pieds fept pouces, large de trois pieds huit pouces.
Fig. de grandeur naturelle.

LeCardi-
nal Ma-
Zarin.

Elle eft en pied coëfée en cheveux & a un colier de perles. Son
vêtement eft un corps de moire
d'argent à fleurs avec la jupe de
même & par-deffus une robe de
velours noir dont les manches font
ouvertes, laiffant voir celles du
corps qui eft orné d'un fil de perles qui fait plufieurs tours. Elle
tient un Eventail. Une efpéce de
Pavillon d'une riche étofe avec un
tapis de Turquie fait le fond du
Tableau.

LE PORTRAIT D'UN HOMME.

Peint fur toile, haut de fix pieds fept pouces, large de quatre pieds.
Fig. de grandeur naturelle.

Il eft en pied, a une chevelure *LeCardi-*
rouffe & eft vêtu à la maniere de *zarin.* *nal Ma-*
fon tems, avec le pourpoint étroit,
les chauffes juftes & le petit manteau qui ne paffe pas la ceinture,
& des botines garnies d'éperons.
De la main droite il tient une canne
avec une lettre & de la main gauche fon chapeau. Le fond du Tableau eft brun, y aiant à gauche un
bout de colonne fur fon pied d'eftal.

UN PAIR D'ANGLETERRE.

Peint fur toile, haut de fix pieds fept pouces, large de quatre pieds.
Fig. de grandeur naturelle.

Il eft en pied nuë-tête aiant l'ha- *LeCardi-*
bit de Pair par-deffus une armure. *zarin.* *nal Ma-*

LE PORTRAIT D'UNE PRINCESSE VEUVE.

Peint fur toile, haut de fix pieds fept pouces, large de quatre pieds.

Le Cardi-
nal Ma-
zarin.
Elle eft en pied, habillée en
Veuve, aiant un voile noir qui
tombe par derriere, & une robe noire abatue & fermée pardevant, aſſez ſemblable à celles
que portent aujourd'hui les femmes, & bordée de perles avec une
ceinture & des agrémens tout au
long de même. Elle a un colier de
perles dont on ne voit que les bouts
qui reviennent pardevant, parce
qu'il eſt caché par ſa fraiſe, & une
bague au quatriéme doigt de la
main gauche. Elle eſt ſous un pavillon de brocard à fleurs qui fait
le fond du Tableau, avec un tapis de
Turquie. Elle tient une grande canne noire, & a la main gauche apuiée
fur une table couverte d'un tapis de
même étofe que celle du pavillon,
tenant ſon mouchoir qui eſt chi-
fonné

fonné & marqué de trois lettres
F. R. L.

LE PORTRAIT DE LA PRINCESSE
DE PHALSBOURG.

Haut de fix pieds fept pouces , large de quatre pieds.
Fig. de grandeur natuielle.

Elle eft en pied s'apuiant fur un *Le Cardi-*
petit More qui tient une corbeille *nal Ma-*
de fleurs. Elle a un corps d'étofe *zarin.*
d'argent à fleurs avec la jupe de
même & par-deffus une robe noire
abatue & ouverte avec des manches coupées. Un pavillon d'étofe
d'or à fleurs & un bout de ciel
compofent le fond du Tableau.
Au bas à gauche il y a un Ecriteau
où l'on lit *Henrietta Lotharinga*
Princeps de Phalfburg. 1634.

LE PORTRAIT DU COMTE D'ARONDEL.

Peint fur toile, haut de trois pieds deux pouces large de deux pieds cinq pouces.
Fig. de grandeur naturelle.

Ce Pair d'Angleterre eft affis
dans un fauteuil garai d'étofe

D

rouge. Il eſt habillé de noir , aiant
une fraiſe, & tient de la main droite une lettre & de la gauche il touche à ſon Cordon de la Jartiere
qu'il a au cou. Un rideau violet
avec un bout de Paiſage à droit fait
le fond du Tableau.

ANTOINE WATEAU.

CE Peintre s'eſt fait un nom par ſa gracieuſe & exacte Imitarion du Naturel dans les Sujets galants & agréables. Il a parfaitement bien repréſenté les Concerts, les Danſes & les autres Amuſemens de la vie civile, metant la Scene dans des Jardins, dans des Bois & dans d'autres lieux champêtres dont le Paiſage eſt peint avec beaucoup d'art. Son Deſſin eſt correct, ſon Coloris eſt tendre, ſes Expreſſions ſont piquantes, ſes Airs de Têtes ont une grace merveilleuſe, ſes Figures danſantes ſont admirables pour la légéreté, pour la juſteſſe des mouvemens, & pour la beauté des atitudes. Il s'eſt ataché aux habillemens vrais, enforte que ſes Tableaux peuvent être regardés comme l'Hiſtoire des Modes de ſon tems.

Il étoit de Valenciennes, vint à Paris fort jeune & fut Eléve de Claude Gillot qui fe plaifoit à peindre des Bals, des Répréfentations de Comédies, des Sabats & d'autres Sujets bizarres. S'étant rendu capable, il fut reçû à l'Académie Royale de Peinture & de Sculpture en 1717. Il eſt mort à Nogent fur Marne en 1721. âgé de trente-fept ans.

LES SINGES PEINTRES.

Peint fur cuivre, haut de deux pouces dix lignes large de trois pouces huit lignes.

Ce petit Tableau fait le Pendant de celui de la Mufique des Chats de P. Breugle. La Scene eſt un Atelier de Peinture. Un gros Singe vêtu de vert peint un Tableau fur le chevalet, mais on n'en voit que la toile par derriere; tout proche eſt la table aux couleurs fur laquelle il y a une Figure en plâtre. A côté de ce Singe, un peu derriere font quatre petits Singes dont un tient

une palete & celui qui eſt plus ſur
le devant, deſſine une Figure.

Ces deux Pendans ſont dans la
ſeconde piéce du petit Apartement.

AUGUSTIN CARRACHE.

IL étoit Frere aîné d'Annibal
étant né en 1557. & fut auſſi
Eléve de Louis Carrache. Dès ſon
enfance il s'apliqua aux Sciences &
aux Arts. L'humeur des deux Freres qui ne ſimpatiſoit pas, les empêcha d'abord de s'acorder, mais
l'amour de la Peinture avec la douceur de leur Couſin les reconcilia
au point qu'ils furent dans la ſuite
étroitement unis. Comme ſa Maniére eſt aſſez ſemblable à celle de
ſon Frere, & qu'il a fait peu de
Tableaux, on les a confondus pour
laplûpart avec ceux d'Annibal. Le
goût avec lequel il étoit né pour la
Gravûre le partageoit ſouvent,
mais il revenoit toûjours à la Peinture. Il mourut en 1609.

LE MARTIRE DE S. BARTHELEMI.

Peint fur toile, haut d'un pied cinq pouces &
demi, large d'un pied un pouce & demi.
Fig. d'un pied.

Ce Saint aiant une fimple draperie au milieu du corps a les
mains atachées à un poteau. Il eft
entre deux boureaux qui l'écor-
chent. Celui qui eft devant commence à lui couper la peau de la
poitrine, cette cruauté fait une
telle impreffion au Juge qu'il met
la main devant fes yeux. Au-deffus du Saint eft un Ange qui lui
aporte une Couronne. Au bord
du Tableau à gauche on voit un
Archer qui paroît touché de cette
barbarie. Le fond eft un Paifage.

D iiij

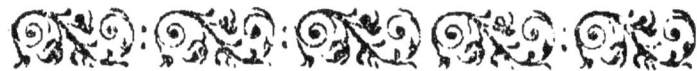

A. VAN OSTADE
PEINTRE FLAMAND.

LE FUMEUR.

Peint fur bois, haut d'un pied, large d'un
pied fix pouces.

Le fond du Tableau eft une
chambre, dans le milieu de laquelle il y a un homme affis apuié
fur une table, qui fume. On voit
à fa droite une femme auffi affife,
& fur le devant un autre homme en
manteau fur une chaife baffe qui
paroît écrire.

LE PEINTRE.

Peint fur bois, haut d'un pied deux pouces,
large d'un pied trois pouces.

Atelier où eft un Peintre fur le
devant qui fait un Tableau de
Chevalet.

BALTHAZAR PERUZZI.

QUoique ce Peintre ait toujours passé pour Sienois ; cependant, si l'on en croit le Vasari
qui veut même que trois Villes
Florence, Sienne & Voltere se
disputent l'honneur de la naissance
de Balthazar Peruzzi, il étoit de
la derniere, jusques-là qu'on ne le
dit de Sienne que pour y avoir été
amené enfant par Antoine Peruzzi son Pere. Son Génie le portant
au Dessin il s'y apliqua, & aiant
perdu son Pere que les guerres
avoient ruiné, il s'atacha à la Peinture, & s'y rendit habile par l'é-
tude de la Nature & des Ouvrages
des grands Maîtres : en sorte qu'il
fut en état d'aider sa Famille. Au
bout de quelque tems aiant fait
connoissance avec un Peintre de
Voltere apelé Pietre qui faisoit de
fréquens voiages à Rome, parce
D v

qu'il peignoit pour Alexandre VI.
il y alla avec lui : mais la mort de ce
Pape aiant fait ceffer l'ouvrage , Peruzzi fut obligé de travailler chez un
Maître. Le prémier Tableau qu'il
y fit , fut trouvé fi beau qu'il le mit
en grande réputation. Auguftin
Ghifi l'aiant pris en amitié l'emploia beaucoup ; il peignit au Palais de Jules II. dans les Eglifes &
fur les façades de beaucoup de
maifons.

Peruzzi n'étoit pas feulement
Peintre, il étoit encore Mathématicien & Architecte. C'eft à lui
qu'on doit le renouvellement des
anciennes Décorations de Théatre.
Il compofa celles de la Calandra
du Cardinal de Bibbiene une des
prémieres Comédies Italiennesqui
aient été mifes fur la Scene, qui
fut repréfentée devant Leon X. &
y emploia toute la fcience de la
Perfpective aiant fait paroitre dans
un petit efpace des Places, des
Ruës, des Palais & diverfes autres

fortes de Bâtimens : ce qui fut fort admiré.

Il eut le malheur d'être pris lorfque Rome fut facagée en 1524. par l'Armée de Charles-Quint, & ne fut relaché qu'en faifant le Portrait du Connétable de Bourbon. Il fe retira enfuite à Sienne où il conduifit les Fortifications de cette Ville, & revint après à Rome. Il y fit les Deffins de quelques Palais, & y mourut en 1536. âgé de trente-fix ans.

UNE ADORATION DES ROIS.

Peint fur bois, haut d'un pied trois pouces & demi, large d'un pied fept pouces.
Fig. dans la proportion de huit pouces.

Le milieu repréfente la perfpective d'un Portique d'Ordre Corinthien qui laiffe voir un Paifage qui fait le fond du Tableau avec des montagnes à droit & à gauche. La Vierge affife tenant l'Enfaut-Jefus, Saint Jofeph qui eft à côté d'elle à gauche, & les trois Rois avec leur

D vj

Suite ocupent le devant du Tableau dans toute sa largeur. Un des trois Rois tout blanc & vetu d'une robe de pourpre doublée d'hermine est à genoux devant le Sauveur & lui présente un vase d'or que la Vierge reçoit. Un Oficier de ce Roy est derriere lui qui tient son turban. Le second Roy est à côté de cet Oficier vêtu de couleur de rose avec un manteau bleu : un Oficier lui ôte son turban. Il tient un vase d'or. Le troisiéme est à droit ; c'est un Maure, son habit est vert & il a par-dessus un manteau changeant jaune & rouge. Un Oficier tient son turban & un autre lui aporte son Présent qui est aussi un vase d'or. On voit sur la montagne à droit les trois Rois qui s'en retournent, & à gauche les Bergers qui arivent.

BAPTISTE GAULL.

IL étoit de Génes & aprit les les principes de la Peinture du Bergonzon ; enfuite étant allé à Rome où l'on le furnomma Bacchiche ; il s'atacha au Cavalier Bernin & devint un habile Peintre, comme le font voir les Ouvrages qu'il a faits dans plufieurs Eglifes. Il mourut en 1709. âgé de cinquante & un ans.

UN PETIT PORTRAIT OVALE

Peint fur cuivre, haut de quatre pouces, large de trois pouces.

C'eft un jeune homme avec un gros bonnet fouré à l'Allemande qui touche du Lut.

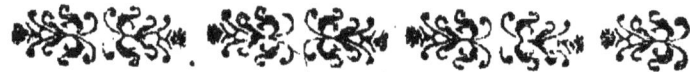

BARTHOLOME'E BRIEMBERG.

IL a fait fort bien le Paifage. On croit qu'il eft mort vers l'an 1660.

UN HOMME A CHEVAL.

Peint fur bois, haut de onze pouces, large d'un pied cinq pouces & demi.

Paifage qui repréfente à gauche un Palais tombant en ruine. Tout fur le devant du mêm côté eft un Cavalier monté fur un cheval pie. Un Chevrier eft fur une hauteur vis-à-vis avec fes chevres.

LES CHEVRES.

Peint fur cuivre, haut de onze pouces, large d'un pied cinq pouces & demi.

Paifage où l'on voit fur le devan un Berger avec des chevres & ur troupeau de moutons.

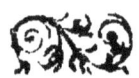

LA TOUR.

Peint fur cuivre & rond, de huit pouces de
diametre.

Paifage avec une tour fur une
hauteur & un troupeau au bas : fur
le devant on voit un homme & une
femme avec deux petits enfans.

LA MONTAGNE.

Peint fur cuivre & rond, de huit pouces de
diametre.

Paifage où il y a une montagne
couverte d'arbres avec un troupeau au bas & fur le devant quelques Figures.

LA PREDICATION DE SAINT JEAN.

Peint fur cuivre, haut d'un pied deux pouces,
large d'un pied huit pouces.

Paifage coupé par un grand arbre qui eft fur une téraffe, au bas
de laquelle on voit un groupe de
quatre hommes, dont deux font en
cuiraffe, le pot en tête, & tiennent

l'un une pique, & l'autre une halebarde. I s font difpofés de façon
que les deux Soldats font tournés
devant un homme vêtu & caractérifé en Saint Jean qui prêche, & les
deux autres hommes devant un
Prêtre qui a un bonnet rouge, &
porte un livre fous fon bras : un
des deux derniers regardant le Pré-
dicateur, femble le montrer à fon
compagnon.

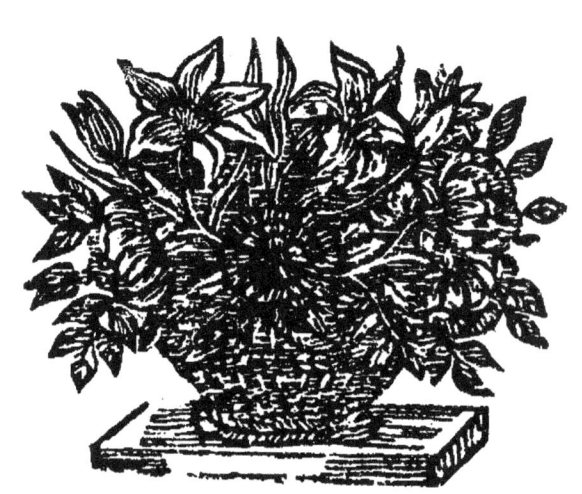

CHARLES CIGNANI.

CE Peintre né à Bologne en 1 6 2 8. & mort à Forli en 1718. a été Eléve de l'Albane sous lequel il profita beaucoup pour le Dessin. Sa Maniere a de la noblesse & de l'expression, & tient de celles du Correge, du Titien & des Carraches. Il a passé pour un des prémiers Peintres de son tems. La France, l'Allemagne, la Pologne aussi-bien que l'Italie, peuvent rendre témoignage de son habileté, y aiant fait de beaux Ouvrages.

UN NOLI ME TANGERE.

S. Je ch. x v. 1;

Peint sur cuivre, haut d'onze pouces, large de sept pouces.
Fig. de dix pouces.

Le Christ est en pied, le bras gauche & l'estomac nuds, & le reste du corps couvert d'une draperie bleue. Il tient une bêche de la

E iiij

CHARLES CIGNANI.

CE Peintre né à Bologne en 1628. & mort à Forli en 1718. a été Eléve de l'Albane sous lequel il profita beaucoup pour le Dessin. Sa Maniere a de la noblesse & de l'expression, & tient de celles du Correge, du Titien & des Carraches. Il a passé pour un des prémiers Peintres de son tems. La France, l'Allemagne, la Pologne aussi-bien que l'Italie, peuvent rendre témoignage de son habileté, y aiant fait de beaux Ouvrages.

UN NOLI ME TANGERE.

Peint sur cuivre, haut d'onze pouces, large de sept pouces.
Fig. de dix pouces.

S. Je
ch. x
v. 1;

Le Christ est en pied, le bras gauche & l'estomac nuds, & le reste du corps couvert d'une draperie bleue. Il tient une bêche de la

E iiij

BENVENUTO GAROFALO.

CE Peintre étoit de Ferrare, & n'eut jufqu'à vingt-cinq ans que de fort mauvais Maîtres : fe trouvant alors à Rome il fut charmé des Ouvrages de Raphaël & de Michel Ange, & fe mit à les étudier pendant deux ans avec une telle aplication qu'il changea fa méchante Maniere, & devint fort habile dans celle de Raphaël. Il avoit coutume de metre dans les Tableaux de fa compofition un œillet. In mourut a quatre-vingts ans en 1659.

UNE SAINTE FAMILLE.

Peint fur bois, haut d'un pied deux pouces & demi, large d'onze pouces & demi.
Fig. de proportion de douze pouces.

L'Enfant Jefus dont la tête eſt raionnée eſt dans les bras de la Vierge qui a un diadême dans fa coë- MONSIEUR.

fure. S. Jofeph eft derriere elle. Ils
ont tous deux le cercle de Sainteté.
Sainte Catherine en pied tenant
une palme eft à droit contemplant N. S. Le fond du Tableau repréfente à gauche un bout de muraille avec un pavillon vert, & à
droit un Paifage.

UNE SAINTE FAMILLE.

Peint fur bois ceintré, haut d'un pied cinq
pouces & demi, large d'un pied.
Fig. dans la proportion de treize pouces.

La Scene du Tableau eft une
Chambre ornée d'un pavillon à rideaux rouges relevés en feftons &
foutenus par deux Anges. La Vierge eft affife fur le pupitre d'un prie-
Dieu foutenant l'Enfant Jefus qui
eft fur les genoux de S. Jofeph. Elle
eft vetue de rouge avec un manteau bleu, S. Jofeph a une draperie
jaune par deffus fa robe qui eft
pourpre, & l'Enfant Jefus eft nu.
S. Jean eft à la gauche de S. Jofeph
qui le préfente à N. S. Sainte Eli-

fabeth que le Peintre pour fe con-
former à l'Ecriture, a fait âgée, eft
derriere S. Jofeph. Elle a une robe
de couleur verdatre qui pliffe beaucoup étant ferrée par une ceinture,
& fa tête eft envelopée d'une toile
blanche.

COPIE DE RAPHAEL.

Peint fur bois, haut d'un pied un pouce, large
d'un pied quatre pouces.
Fig. dans la proportion de dix pouces.

C'eft le beau Tableau de la *Le Cardi-*
Transfiguration de Raphaël qui *nal Ma-*
eft à Rome à S. Pierre in Monto- *zarin.*
rio. Cette copie eft très-eftimée.

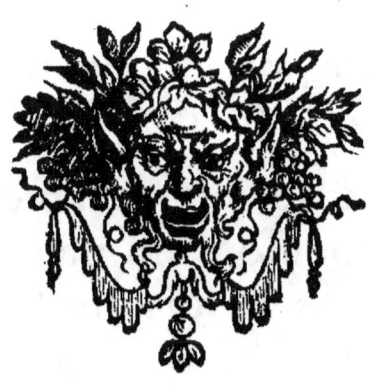

CARLO MARATTI.

LA Marche d'Ancone donna en 1625. la naiſſance à ce Peintre. Il fut Diſciple à Rome d'Andréa Sacchi, & fit voir en peu de tems ce qu'on en devoit atendre. Il a bien traité l'Hiſtoire, ſes Idées étoient nobles, ſes Compoſitions gracieuſes, ſon Deſſin eſt ferme, & ſon Coloris doux. Clement XI. reconnut ſon mérite en le faiſant Chevalier. Il mourut en 1713.

GALATHE'E.

Peint ſur toile, haut d'un pied trois pouces, large de deux pieds un pouce.

Elle eſt ſur une conque traînée par deux poiſſons emmuſelées avec des cordons de ſoie que la Fille de Nerée tient, & précédée d'un Triton qui ſonne du cornet à bou-

quin. Deux Naïades tiennent au-
deſſus d'elle une draperie volante
qui forme une eſpéce de pavillon.
Un petit Amour eſt ſur un poiſſon
qu'il conduit avec un cordon de
ſoie bleuë. Polypheme eſt ſur un
rocher apuié ſur ſa flute à pluſieurs
tuiaux.

UNE VIERGE AVEC L'ENFANT JESUS.

Tableau rond, ſept pouces de diamétre.
Fig. dans la proportion de quinze pouces.

La Vierge à mi-corps aiant un
voile bleu tient l'Enfant Jeſus qu'elle emmaillote, comme pour le
metre repoſer ſur un peu de paille
qui eſt à ſes pieds. Elle a deux Anges un à ſa droite & un à ſa gauche.

CHARLES LE BRUN.

AUcun Peintre François n'a fait plus d'honneur à sa Patrie, soit par la superiorité de ses Talens, soit par ses Titres. La part qu'il a eue à l'établissement de l'Académie Royale de Peinture & Sculpture lui donnant une grande place dans son Histoire, on n'entrera ici dans aucun détail. Il étoit Fils d'un Sculpteur médiocre, eut Vouet pour Maître, fut à Rome trois ans, se fit à la Cour une grande réputation, & mourut âgé de 70. ans en 1690. comblé des bienfaits de Louis le Grand qui l'avoit annobli, & l'avoit fait son Prémier Peintre. Il avoit un beau Génie, excelloit dans l'Ordonnance de ses Sujets, dans le Dessin, & dans l'Expression des Passions, qu'on lui reproche néanmoins de n'avoir pas assez variée : on trouve aussi qu'il a

negligé

negligé le Coloris. Enfin il étoit
univerfel pour toutes les grandes
Peintures à la referve du Paifage :
il joignit à une extrême facilité
une extrême exactitude ; & il fera
toujours regardé comme un des
plus célébres Peintres de fon tems,
& les Eftampes gravées d'après fes
Ouvrages porteront fa gloire par
tout.

HERCULE ASSOMMANT LES CHEVAUX DE DIOME'DE.

Peint fur toile, haut de huit pieds, huit pouces, large de cinq pieds fept pouces.
Fig. de grandeur naturelle.

Ce Heros couvert de fa peau de
lion, a le pied droit fur un des chevaux de Dioméde, & le gauche
fur le corps de ce Roi qui eft écra-
fé. Le fond repréfente des écu ies
& un bout de Paifage à droit.

E

LES INNOCENS.

Peint fur toile, haut de quatre pieds un pouce,
large de cinq pieds neuf pouces.
Fig dans la proportion de quinze pouces.

La Scene du Tableau repréfente un riche Paifage avec une Ville dans le lointain, partagée par un beau pont qui coupe à droit la vûe d'un Temple, dont le portail eft magnifique. Prefqu'au milieu tirant fur la droite en face eft un quadrige dans lequel font deux hommes qui paroiffent être deux Preteurs, à côté defquels à droit & à gauche on voit des Cavaliers qui font exécuter leurs ordres. Le refte du Tableau fur le devant de même que fur le pont préfente par tout aux yeux des enfans tués ou prêts à l'être par des boureaux infenfibles aux cris des meres, dont la douleur & le défefpoir augmente encore l'horreur d'un fi cruel fpectacle. A droit au bout du pont eft une maifon qui peut être le Pré-

toire, à la porte duquel eſt un Garde qui en empêche l'entrée. Une
mere éconduite deſcend l'eſcalier,
tenant ſon enfant ; une autre eſt
couchée à terre couvrant le ſien ;
une troiſiéme à côté toute éche-
velée que ſon enfant embraſſe, eſt
à genoux, élevant les bras vers le
Prétoire. On ne voit ſur le pont
que des enfans qu'on égorge & des
meres éplorées. Au milieu du Tableau ſur le devant, une mere ſe
laiſſe traîner plutôt que de lâcher
ſon enfant qu'un Cavalier lui arache. A gauche, ce qui ſe remarque davantage, c'eſt un Soldat qui
emporte deux enfans, l'un ſous
ſon bras & l'autre ſuſpendu par ſa
chemiſe qu'il tient avec ſes dents.
A droit eſt une mere ſaiſie, la tête
baiſſée & le viſage apuié ſur ſes
mains, aiant à côté d'elle ſon enfant égorgé qu'un gros chien léche:
mais l'afliction la plus marquée &
la plus touchante, c'eſt celle d'une
femme aſſiſe à terre la tête apuiée

contre un tombeau, qui a vû poi-
gnarder fes deux enfans qui na-
gent dans leur fang, le poignard
étant refté dans le flanc de celui
qui eft le plus près d'elle. Tout
peint la douleur de cette mere
defefperée ; fes cris, la foufrance de
fon vifage, fes cheveux épars fur
fon fein à demi découvert, & fes
bras croifés fur fa poitrine.

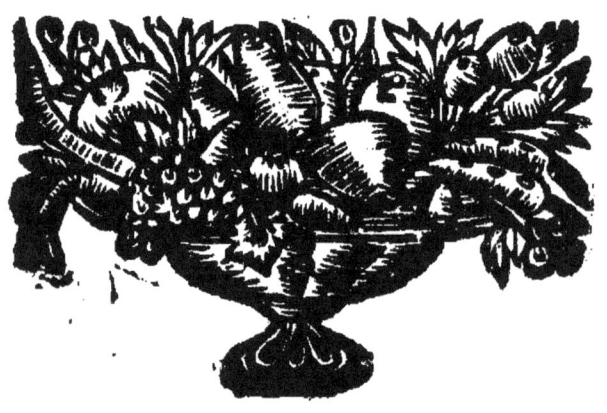

CHARLES CALIARI.

CE Peintre plus connu sous le nom de la Carlete, Fils & Eléve de Paul Véronese, commença par copier les Ouvrages de son Pere & ceux du Bassan qui en étoit fort estimé ; & lors qu'il alloit dans un Village du Trévisan qui lui apartenoit, il se plaisoit beaucoup à dessiner les Objets de la campagne. Il fit à dix-sept ans deux Tableaux representant l'un la mort d'Adonis, & l'autre Angelilique & Medor, & ce dernier a été gravé par Sadeler.

Après la mort de Paul Véronese, la Carlete & Gabriel son frere entreprirent de finir les Ouvrages que leur Pere n'avoit point achevés : mais son travail continuel joint à la délicatesse de son tempéramment, l'afoiblit si fort qu'il tomba dans une Phthisie qui lui

caufa la mort à vingt-fix ans en
1596.

UNE ADORATION DES ROIS.

Peint fur toile, haut de deux pieds neuf pouces, large de quatre pieds dix pouces.
Fig. de petite nature.

La Vierge eft affife à droit tenant l'Enfant Jefus, & S. Jofeph
eft derriere elle. Un des trois Rois
aiant un manteau Royal eft à genoux devant N. S. à qui il préfente
un vafe précieux. Celui qui le fuit
eft fans manteau Royal, & tous
deux font découverts. Un peu plus
loin on voit le troifiéme qui eft un
Maure & a un turban. Entre celui-
ci & le prémier eft fur le devant un
petit garçon vêtu de blanc, qui
femble être un Page. Le fond eft
une campagne.

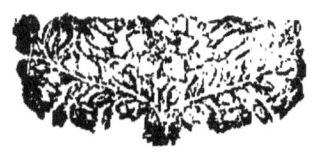

CHARLES CIGNANI.

CE Peintre né à Bologne en 1628. & mort à Forli en 1718. a été Eléve de l'Albane sous lequel il profita beaucoup pour le Dessin. Sa Maniere a de la noblesse & de l'expression, & tient de celles du Correge, du Titien & des Carraches. Il a passé pour un des prémiers Peintres de son tems. La France, l'Allemagne, la Pologne aussi-bien que l'Italie, peuvent rendre témoignage de son habileté, y aiant fait de beaux Ouvrages.

UN NOLI ME TANGERE.

S. Jean ch. xx. v. 17.

Peint sur cuivre, haut d'onze pouces, large de sept pouces.
Fig. de dix pouces.

Le Christ est en pied, le bras gauche & l'estomac nuds, & le reste du corps couvert d'une draperie bleue. Il tient une bêche de la

E iiij

main droite, & de la gauche il re-
pouffe la Madeleine qui eft à genoux, caractérifée par fa boëte de
Parfums. Le fond du Tableau eft
un Paifage.

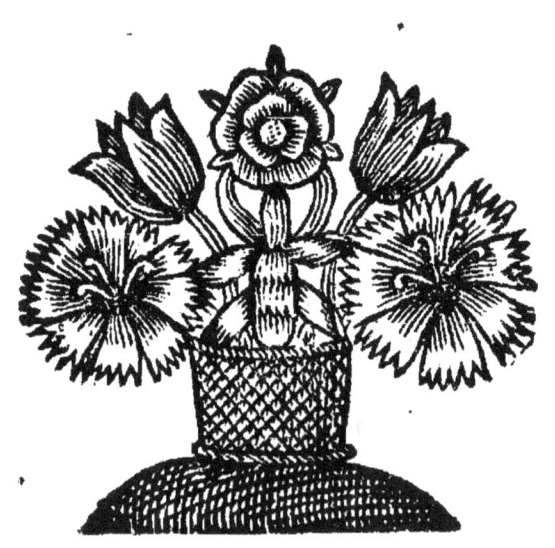

CLAUDE GELE'E, DIT LE LORAIN.

N'Aiant pû rien aprendre à l'école, ſes Parens le mirent chez un Patiſſier, où il fit ſon tems ſans avoir beaucoup profité ; enſorte que ne ſçachant que faire, il ſe joignit à des gens de ſa profeſſion qui alloient à Rome pour tacher, comme eux, d'y gagner ſa vie. Mais comme ſon ignorance de la Langue & ſa groſſiereté l'empêchoient de trouver des pratiques, il ſe mit par hazard au ſervice d'Auguſtin Taſſi habile Paiſagiſte. Ce Maître dans l'eſpérance que ſon valet pouroit lui être utile pour le plus gros de ſes Ouvrages, lui aprit peu à peu quelques régles de Perſpeƈtive. Il ne comprit pas d'abord ces principes de l'Art ; mais lorſque ſon travail commença à lui valoir quelque retribution, le courage lui vint, ſon eſprit s'ou-

E v

vrit, & il s'apliqua beaucoup. Il étoit à la campagne depuis le lever du Soleil jufqu'à fon coucher à confidérer les efets de la Nature, & à la peindre ou à la deffiner : & parvint de cette forte à un dégré de perfection qui donne un grand prix à fes Ouvrages.

On remarque qu'il avoit la memoire fi heureufe qu'il peignoit avec beaucoup de facilité, lorfqu'il étoit retourné chez lui, ce qu'il avoit vû à la campagne. Il mourut à Rôme en 1678. fort âgé.

UN SOLEIL COUCHANT.

Peint fur cuivre, haut d'un pied deux pouces, large d'un pied huit poçces.

Le Soleil qui fe couche éclaire ce Tableau qui repréfente dans le milieu une île couverte d'arbres, & à gauche deux hautes colonnes avec leur entablement. Plus fur le devant deux Soldats emménent le Curé, & le çonduifent à une barque.

CORNEILLE POLEMBOURG.

CE Peintre étoit d'Utrecht, &
fut d'abord Diſciple de Blomaert. Enſuite il alla à Florence &
à Rome où il deſſina d'après Raphaël. Aiant bien étudié la Nature, il ſe fit une Maniere toute par-
ticuliere, mais vraie & agréable,
& s'atacha au Paiſage ſuivant ſon
Génie, qui le porta toujours á travailler en petit. Etant revenu dans
ſa Patrie, le Roi d'Angleterre qui
avoit vû de ſes Ouvrages l'atira par
une penſion annuelle. Il retourna
après à Utrecht, & ſe fit une grande réputation dans les Pais-Bas. Il
mourut en 1660. âgé de ſoixante
& quatorze ans.

LE PAISAGE AUX VACHES.

Peint ſur cuivre, haut d'un pied trois pouces, large d'un pied neuf pouces.

On voit ſur le devant trois Figu-

res avec des vaches, & fur une hauteur à droit un homme fuivi d'un
âne.

LE PAISAGE AUX RUINES.

Peint fur bois, haut d'un pied quatre pouces,
large d'un pied dix pouces.

Ce font des ruines à droit & à
gauche avec des chevres, & fur le
devant trois Figures & des vaches.

LES NYMPHES ET LES FAUNES

Peint fur bois, haut d'un pied trois pouces,
large de deux pieds.

C'eft un Paifage où l'on voit dans
le milieu un Faune qui danfe, &
fur le devant à droit une Nymphe
qui en éveille une autre.

CÉPHALE ET PROCRIS.

Métam.
L. vi. Peint fur cuivre, haut d'un pied & deux pouces, large de deux pouces.

Paifage où l'on voit fur le devant Procris étendue fur fa drape-
rié, bleffée & mourante. Céphale
arive qui marque fa douleur par
fon gefte.

DANIEL RICCIARELLL.

LA Ville de Volterre en Tofca-
ne où ce Peintre nâquit en
1509. lui a donné le furnom de
Volterre, fous lequel il eſt feulement connu. N'aiant pas fait un
grand progrès fous fes prémiers
Maîtres il alla à Rome : l'envie
qu'il avoit de profiter, le fit travailler pour Perrin del Vague qui
avoit entrepris une Chapelle &
avoit befoin de quelqu'un pour l'aider. Comme il s'attacha entiérement à la maniere de Michel Ange, il fit de très-belles chofes. La
Defcente de Croix qu'il a peinte à
Fraifque à la Trinité du Mont,
paſſe pour un des trois beaux Tableaux de Rome. Ilétoit auſſi habile Sculpteur ; c'eſt de lui le Cheval de la Place Royale à Paris. Son
travail continuel & fa mélancolie
naturelle avancerent fa mort qui
ariva en 1566.

UNE DESCENTE DE CROIX.

Peint fur bois , haut de deux pieds neuf pouces , large de trois pieds deux pouces.
Fig. de demi-nature.

M. de Breton-villiers. Le Chrift à fon féant eft apuié contre les genoux de la Vierge , le bras droit étendu le long du corps , & le gauche foutenu par une des trois Maries qui lui baife la main ; une autre le regarde avec douleur , & la troifiéme qui eft la Madelei-ne pleure à fes pieds. S. Jean eft au milieu du Tableau fpectateur , les bras étendus. On voit à gauche le Calvaire avec la Croix , & l'Ecri-tau où l'on lit à la fin R ex Judeo-rum. Le fond de ce Tableau eft un Paifage.

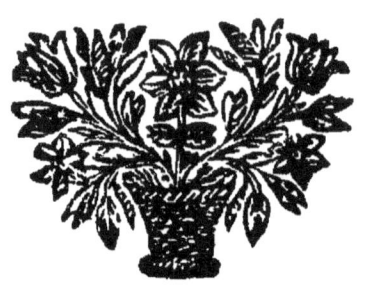

DAVID TENIERS DIT LE VIEUX.

RUbens à Anvers, Patrie de Teniers, & Elzheimer à Rome ont été les Maîtres de ce Peintre. S'étant fait une Maniere compoſée de celles de l'un & de l'autre, il s'eſt attaché à peindre des Tableaux de petites Figures qui ſont fort eſtimées. Il mourut en 1649.

LE VIEILLARD.

Peint ſur bois, haut d'un pied deux pouces & demi, large d'un pied huit pouces & demi.

La Scene du Tableau eſt une Eſtaminete comme dans la plupart de ceux de ce Peintre. On voit au milieu cinq hommes autour d'une table, entre leſquels eſt un vieillard de bout apuié deſſus. Ils paroiſſent parler enſemble. A droit ſont trois autres hommes qui ſe chaufent devant une cheminée. A gauche entre une ſervante qui

tient un pot & un plat. Au haut à
droit eft un Portrait craïonné fur
le papier où l'on lit A°. 1649. &
au bas du même côté eft écrit
D. TENIERS. *Fec.*

LE JOUEUR DE VIOLON.

Peint fur bois, haut d'un pied deux pouces &
demi, large d'un pied fix pouces.

On voit fur le devant dans une
fale un homme affis qui joue du
Violon, & à droit à une petite diftance trois autres qui fe chaufent.

LE FUMEUR.

Peint fur bois, haut d'un pied un pouce, large
d'un pied fix pouces.

C'eft une chambre où la princi-
pale Figure eft un homme en chemife qui fume.

DES JOUEURS ET DES BUVEURS.

Peint fur toile, haut d'un pied cinq pouces &
demi, large d'un pied dix pouces.

La Scene eft une Eftaminete

où l'on voit à gauche un vieillard & deux autres hommes affis autour d'une table qui jouent aux cartes ; plus loin font des gens qui boivent. A droit fur le devant la fervante vient de la cave avec des huitres & une cruche.

LE BERGER.

Peint fur toile, haut d'un pied un pouce, large d'un pied fix pouces.

C'eft un Paifage avec fabrique qui repréfente fur le devant un troupeau de moutons avec deux bœufs. Le Berger eft à gauche qui joue du flagolet, & a fon chien à côté de lui.

LA FUMEUSE.

Peint fur toile, haut d'un pied neuf pouces, large de deux pieds.

Un homme & une femme font dans une fale buvant de la biere feuls à une table. La femme fume.

LE CHIMISTE.

Peint fur bois , haut d'un pied huit pouces,
large d'un pied onze pouces.

On voit un laboratoire où eft un homme qui foufle dans un fourneau.

DES JOUEURS ET DES FUMEURS.

Peint fur bois , haut d'un pied neuf pouces &
demi, large de deux pieds huit pouces
& demi.

C'eft une Eftaminete où l'on voit à gauche deux hommes qui jouent aux Dames-rabatues : & à droit des gens qui s'entretiennent & fument.

LA GAZETE.

Peint fur bois , haut d'un pied fix pouces,
large d'un pied onze pouces.

Un crieur de Gazetes en pré-fente une à quatre hommes qui boivent & qui fument dans une Eftaminete qui fait le fond du Tableau.

LE CABARET.

Peint ſur toile, haut d'un pied ſix pouces, large d'un pied dix pouces.

Pluſieurs gens ſon devant un cabaret, les uns aſſis & les autres de bout autour d'une table, & écoutent un vieillard qui paroît expliquer quelque choſe. Le Cabaretier eſt ſur la porte de la maiſon, tenant un pot à biere. Le fond du Tableau eſt un Paiſage.

LA GUITARE.

Peint ſur bois, haut de neuf pouces, large de ſept.

Une jeune fille qui a un bonnet vec une plume blanche, & par deſſus ſon habit un manteau fouré, joue de la Guitare. Deux petits enfans qui ſont près d'elle, l'écoutent.

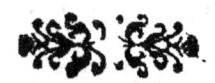

DIEGO VALASQUEZ.

IL étoit Efpagnol & Peintre de
de Philippe IV. Ce Prince l'envoia en 1651. en Italie pour copier
& acheter les meilleurs Tableaux.

Ex.c.11.
v. 9.

MOYSE SAUVE.

Peint fur toile, haut de neuf pieds, cinq pouces; large de dix pieds onze pouces.
Fig. de grande nature.

Mon-
sieur.

La Scene du Tableau eft un Paifage. On voit fur le devant une
grande femme, qui a pour tout
vêtement une efpéce de chemife
qui ne la couvre qu'à moitié, enforte qu'elle a le dos, une cuiffe &
un bras nus: elle a un genou en
terre, & préfente à la Fille de Pharaon le petit Moyfe couché dans un
panier fur un linge. Cette Princeffe
a une robe jaune avec une jupe
bleue & une efpéce de cordeliere
lâche; fa fuite eft compofée de

cinq femmes dont une lui porte la robe, deux regardent l'enfant, la troisiéme semble faire signe à quelqu'un, & la cinquiéme a les yeux sur Moyse & le bras étendu comme pour marquer l'endroit où il a pû être trouvé. La Fille de Pharaon le montre du doigt à une femme qui paroît lui parler : c'est la Mere de Moyse ; elle est apuiée sur sa Fille qui est à genoux aux pieds de la Princesse, & étend le bras vers son Fils.

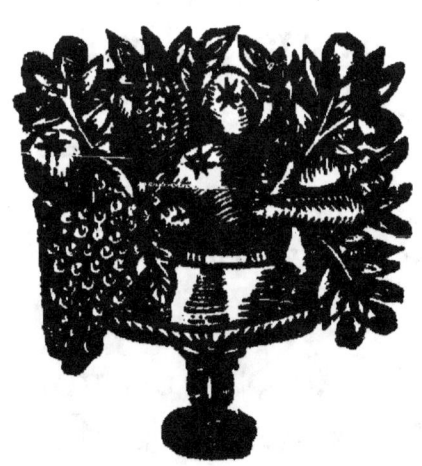

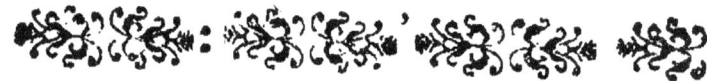

DOMINIQUE FETI.

IL étoit Romain & Disciple du Cavalier Cigoli. Le Cardinal de Gonzagues le mena à Mantouë, où il s'attacha aux Ouvrages de Jules Romain, qu'il a assez bien imités. Etant allé ensuite à Venise pour se faire une grande Maniere & fortifier son Coloris, il y ruina tellement sa santé par sa vie déreglée, qu'il mourut à l'âge de trente-cinq ans en 1624. Il y a des Tableaux de ce Peintre fort estimés.

LA FILEUSE.

Peint sur bois, haut de deux pieds sept pouces, large de deux pieds un pouce.
Fig. dans la proportion de dix-sept pouces.

MON-
SIEUR,

Paisage où l'on voit sur le devant une femme assise à terre, les jambes nuës, qui file. Il y a deux petits enfans avec elle, l'un de bout, & l'autre assis qui tient une croſſe & a un chevreuil à côté de lui. Un grand arbre très-touffu ſert de fond à la Fileuſe. Dans le lointain à droit eſt un homme qui mene une charuë atelée d'un bœuf.

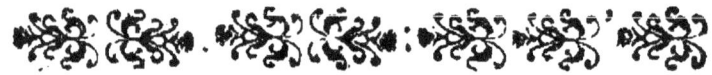

DOMINIQUE ZAMPIERI.

LA feule opiniâtreté dans le travail peut quelquefois tenir lieu de difpofition , le Dominiquin en eft une grande preuve. Il étoit né à Bologne d'une honnête famille en 1581. Son inclination le portant au Deffin , fon Pere le mit chez Denis Calvart, & enfuite chez les Carraches , où fa ftupidité aparente le fit nommer le Bœuf : mais fon efprit s'étant dévelopé il fe fit admirer de fes Maîtres mêmes, & ariva à un dégré qui le rendit prefque égal à Raphaël par l'expreffion des Paffions, la correction du Deffin , la varieté & la fimplicité des airs de Tête : enforte que fa Communion de S. Jerôme eft mife par le Pouffin à côté de la Transfiguration de Raphaël , & de la Defcente de Croix de Daniel de Volterre, ce grand Maître regardant

dant ces trois Tableaux comme les trois plus beaux de Rome. Ses Atitudes étoient bien choiſies, mais il entendoit mal la Diſpoſition du Tout-enſemble, ſes Draperies ſont mal jetées, ſon Paiſage tient des Carraches ſans être auſſi leger, & ſes Carnations donnent dans le gris. Il inventoit avec peine, mais il digeroit enſuite ſes Compoſitions avec un jugement ſolide, & comme dans ſes Etudes il avoit toujours fait agir ſa raiſon, ſa capacité augmenta juſqu'à ſa mort, qui arriva en 1641. dans la ſoixantiéme année de ſon âge.

UN SACRIFICE D'ISAAC.

Geneſe ch. 22. v. 7.

Peint ſur cuivre, haut d'un pied, large d'un pied cinq pouces.
Fig. dans la proportion de ſept pouces.

La Scene du Tableau eſt un Paiſage avec fabrique & une fontaine au bas. A gauche ſur le devant eſt une terraſſe montueuſe. Abraham & ſon Fils ſont au pied. Iſaac

F

vêtu de blanc va devant portant un
fagot sur son épaule, & tournant
la tête du côté de son Pere qu'il
semble interroger. Abraham vêtu
de rouge aiant une large épée pas-
sée dans sa ceinture & tenant un
vase plein de feu, lui montre le
haut de la terrasse. La saison du
Printems est marquée par la frai-
cheur des arbres, & le Soleil qui se
léve dans le lointain montre qu'il
est de grand matin. On voit proche
de là une fontaine, & en deçà une
femme qui se lave les jambes, &
un homme à pied de l'autre côté.
Un âne chargé d'une valise vient
pour boire. A droit plus loin est un
chameau.

UNE SIBYLLE.

Peint sur toile, haut de deux pieds quatre
pouces, large de deux pieds un pouce.

M.
d'Haute-
feuille.

Elle est de grandeur naturelle à
mi-corps aiant les mains l'une sur
l'autre, la droite posée sur un Livre; sa coëfure est bizare.

S. JEAN L'EVANGELISTE.

Peint sur toile, haut de deux pieds onze pouces, large de deux pieds trois pouces.
Demi-Fig. de grandeur naturelle.

Il est habillé de vert avec une *Le Che-*
draperie rouge par dessus, & assis *valier de*
tenant un livre en rouleau à l'An- *Lorraine*
tique. Le fond du Tableau est brun.

S. FRANCOIS.

Peint sur cuivre, haut d'un pied six pouces &
demi, large d'un pied deux pouces.
Fig. d'un pied.

Ce Saint est à genoux en con- *M. Pail-*
templation devant un Crucifix. *lot.*
Son compagnon le regarde au travers les arbres. Au haut du Tableau
à droit on voit une Gloire.

S. JEROME.

Peint sur cuivre, haut d'un pied six pouces &
demi, large d'un pied deux pouces.
Fig. d'environ un pied.

Ce Saint à demi-nu est à ge- *M. Pail-*
noux en méditation à l'entrée d'u- *lot.*

ne caverne , tenant un Crucifix dont le pied pofe fur une pierre, où il y a un livre avec une tête de mort. A gauche on voit un lion, & á droit au haut paroît une Gloire. Le fond du Tableau repréfente le deffous d'une roche couverte d'arbriffeaux.

S. JEROME AVEC UN PAISAGE.

Peint fur bois, haut d'un pied quatre pouces
& demi, large d'un pied dix pouçes,
Fig. d'environ fix pouces.

C'eft un Paifage dont le lointain repréfente la Mer avec des Vaiffeaux. A gauche il y a une roche couverte d'arbriffeaux dont le deffous forme une caverne , à l'entrée de laquelle on voit ce Saint couvert d'une fimple draperie , regardant le Ciel comme un homme qui médite , il eft affis fur une pierre, les bras apuiés fur une autre qui lui fert de table, où l'on voit un livre ouvert, une tête de mort , une écritoire , & un rouleau à l'Antique où il paroît écrire ; vis-à-vis eſt une Croix de roſeau plantée dans la terre, & à gauche en bas on voit un chapeau de Cardinal avec un livre fermé. Tout ſur le devant le Peintre a mis un lion couché.

UN PORTEMENT DE CROIX.

Peint ſur cuivre, haut d'un pied huit pouces, large de deux pieds un pouce. Fig. de dix-huit pouces.

J. C. eſt abatu ſous le poids de ſa Croix, ſoutenu par Simon de Cy-rene ; deux boureaux ſont de chaque côté ; un homme qui a un turban eſt derriere, un autre à côté porte une échelle dans laquelle il a le cou paſſé ; on voit derriere un homme à cheval & un Satelite. Le fond du Tableau eſt un Paiſage. *M. de Seignelay*

UN PAISAGE.

Fig. dans la proportion de dix-huit pouces.

La Scene du Tableau repréſente un Paiſage avec fabrique, & une *M. d'Haute-feuille.*

F iij

riviere fur le devant qui tourne,
enforte que dans le lointain on
aperçoit une barque avec un Mari-
nier & trois Paffagers. En revenant
en deçà on voit une troupe de
moutons que le Berger méne boire; & fur le devant á droit une barque conduite par deux Mariniers
& un petit garçon. A gauche il y a
un Pêcheur qui met du poiffon
dans une barque, & vis-à-vis une
femme qui le regarde, tenant un
bouquet de fleurs, & aiant le bras
droit fur le manche d'une guitare.
Un petit enfant prefque nu eft derriere elle, qui tient des rofes, &
eft à cheval fur un bâton.

EUSTACHE LE SUEUR.

Comme on donnera la Vie de cet excellent Peintre dans l'Hiſtoire de l'Académie Royale de Peinture & de Sculpture, on en dira peu de choſe ici. Il étoit né à Paris en 1617. fut Eleve de Vouet, & arriva à un grand dégré de capacité ſans avoir été en Italie. Il avoit un bon Goût de Deſſin, une grande intelligence pour la Diſpoſition de ſes Sujets, & beaucoup d'Expreſſion. Il mourut en 1655. dans ſa trente-huitiéme année, laiſſant douter ſi une plus longue vie eût permis de le ſurpaſſer.

ALEXANDRE ET SON MEDECIN.

Peint ſur toile, haut de trois pieds, rond. Fig. d'environ dix-huit pouces.

Ce Tableau repréſente une Scene muete entre Alexandre & ſon

Médecin, apelé Philippe. La grandeur d'ame de l'un, & l'innocence
de l'autre y font caractérifées avec
une expreffion admirable. Alexandre averti par un de fes plus fideles
Confidens de fe défier de Philippe,
s'y abandonne cependant; & Philippe lit d'un front affuré le titre de
fon acufation. On voit peu de Peinture qui atache l'ame d'avantage.

Il y avoit quelques jours qu'Alexandre étoit malade dangereufe-
ment, Philippe lui avoit ordonné
une médecine qu'il avoit préparée
lui-même & ce Roy la prend. Il
eft à fon féant fur un lit de camp
foutenu par un homme âgé, le bras
droit apuié fur fon matelas, & tient
de la main gauche une coupe proche de fes lévres en regardant atentivement Philippe qui lit la Lettre
de Parménion avec plus d'indignation que de crainte. Ce Médecin
eft un Vieillard envelopé dans une
grande robe blanche qui ne laiffe
voir que les manches d'une tuni-

que bleuë : il eſt à la gauche du lit
un peu vers le pied. Il y a à côté de
lui un jeune homme qui a une draperie d'écarlate & eſt vu par le dos,
mais dont le geſte témoigne de la
ſurpriſe : tout proche eſt un vieux
homme dont on ne voit que la tête, & qui marque le même étonnement par l'index qu'il léve. Un jeune garçon à gauche du lit tient une
ſoucoupe à Alexandre, & un autre
en deçà du côté droit, vêtu de
blanc porte un vaſe ſur un baſſin
pour lui donner aparemment à
laver. Du même côté au bord
du Tableau on voit un Soldat
apuié ſur une table, il a un caſque
& paroît ſurpris de l'affliction de
deux jeunes hommes qui ſont derriere le Vieillard qui ſoutient le
Roy. La tente où il eſt dont le pavillon eſt pourpre, & le plancher
qui eſt à carreaux de marbre de diférentes couleurs avec une caſſole-
te ſur le devant, compoſent le fond
du Tableau.

FRANCOIS ALBANE.

CE Peintre étoit Fils d'un Marchand de foie de Bologne. Il
eut pour prémier Maître Denys
Calvart Peintre Flamand, chez qui
le Guide étant plus avancé. Celui-ci, lui aprit les principes du
Deffin, & l'atira enfuite avec lui
chez les Carraches. L'Albane aiant
fait de grands progrès dans cette
Ecole, alla à Rome où il fe rendit
très - habile. Il s'atacha beaucoup
aux Sujets agréables, auffi a-t-il
peint prefque par tout Vénus & les
Graces. Il fut aparemment déter-
miné à ce Goût par la beauté de fa
femme & de fes enfans. Comme ils
lui fervoient de Modéle, cela eft
caufe que fes Figures ne font pas
affez variées. Sa Verve étoit abondante, & les Belles-Lettres qu'il
poffedoit paffablement, lui ai-
doient à embelir fes Compofitions

des ornemens de la Poëſie. Il étoit
ſavant dans le Deſſin, ſes Atitudes
& ſes Draperies ſont d'un aſſez bon
choix. Son Paiſage eſt agréable,
mais toujours d'une même touche. Il n'a preſque fait que de petits Tableaux, qui ſe ſont répandus
par toute l'Europe. Il a mieux
réuſſi aux grands, & ſon habitude à
peindre des femmes & des enfans
l'a empêché de bien repréſenter les
hommes. Il mourut en 1660. âgé
de quatre-vingt-trois ans.

SALMACIS.

Peint ſur toile, haut d'un pied neuf pouces,
large de deux pieds un pouce.
Fig. d'environ deux pieds.

La Scene du Tableau eſt un Pai- *L'Abbé*
ſage, où l'on voit ſur le devant une *de Camps.*
fontaine, dans laquelle Salmacis
ſe baigne avec Hermaphrodite que
cette Nymphe embraſſe d'une maniere fort paſſionnée.

F vj

UNE SAINTE FAMILLE.

Peint fur cuivre, haut d'un pied deux pouces,
large de dix pouces & demi.
Fig. d'environ un pied.

La Vierge eft affife tenant l'Enfant Jefus nu fur le bras droit. S. Jofeph eft à côté apuié fur un pied d'eftal orné de bas - reliefs qui repréfentent une femme qui donne à boire à des enfans. Derriere l'Enfant Jefus il y a deux Anges à genoux. Le fond du Tableau eft un Paifage.

UNE SAINTE FAMILLE,

CONNUE SOUS LE NOM
DE LA LAVEUSE.

Peint fur cuivre, haut d'un pied fix pouces &
demi, large d'un pied trois pouces.
Fig. de dix pouces.

La Vierge lave du linge dans un ruiffeau, l'enfant Jefus le donne à S. Jofeph, & deux petits Anges font en l'air tenant chacun un linge. Le fond du Tableau eft un Paifage.

LA COMMUNION DE LA MADELEINE.

Peint fur cuivre, haut d'un pied trois pouces,
large d'onze pouces.
Fig. d'environ dix pouces.

Un Ange à genoux fur une nuée *M. de Nancre.* communie cette Sainte qui eft auffi à genoux, deux autres Anges font derriere elle. Le fond du Tableau eft un Paifage.

LE BAPTEME DE NOTRE SEIGNEUR. *S. Math. ch. III. v. 13. & fuiv.*

Peint fur cuivre, haut de deux pieds trois pouces, large de deux pieds onze pouces.
Fig. d'un peu plus d'un pied, fur le devant.

J. C. eft à demi nu, le bras droit *M. de Nancre.* fur fa poitrine, retenant de la main gauche fa robe qui eft foutenu derriere par un Ange à genoux fur la fuperficie de l'eau. N. S. a un pied dans le Jourdain, & S. Jean lui verfe de l'eau fur la tête avec une coquille. Entre N. S. & S. Jean un autre Ange tient un linge. On voit à droit fur une bute qui a une barriere fur le devant, trois hommes qui regardent ; au deffous eft une femme affife tenant un enfant à qui elle montre N. S. Le fond du Tableau eft un Paifage avec une Gloire & deux troupes d'Anges. Audeffus de J. C. il y a une colombe.

LA SAMARITAINE.

S. Jean
ch. IV.
v. 6. &
fuiv.

Peint fur cuivre, haut d'un pied un pouce, large de dix pouces & demi.
Fig. de huit pouces & demi.

M. Peno-
tier.

N. S. affis proche du Puits de Jacob, fur lequel il a le bras gauche apuié, paroît parler à la Samaritaine. Elle eft de bout, fa main pofée fur un feau avec fa cruche à terre, témoignant une grande furprife. Derriere à gauche font les Apôtres. La Ville de Samarie paroît dans le lointain avec deux Figurines. Le fond du Tableau eft un Paifage.

✓S. LAURENT JUSTINIEN.

Peint fur toile, haut de neuf pieds neuf pouces, large de cinq pieds neuf pouces.
Fig. plus grande que nature.

Ce Saint qui a été Evêque de *La Reine* *de Suede.* Venife & prémier Patriarche de cette Ville, en habit de Chanoine Régulier, fa Croix Patriarchale & fa Mitre à côté de lui, eft affis devant une table fur laquelle il écrit. Il eft interrompu par l'Aparition de la Vierge qui eft fur une nuée, lui montrant de la main droite le St Efprit au haut du Tableau. Deux Enfans nus fe préfentent de face, celui qui eft à droite tient un écriteau. Le fond du Tableau eft un cabinet avec un efpéce de pavillon d'un rouge très-foncé.

UN NOLI ME TANGERE.

Peint fur cuivre, haut de fix pouces & demi,
large de neuf. Ovale.
Fig. de cinq pouces.

M. de
Nancré.
N. S. avec une draperie bleue,
a la main droite élevée pour a-
compagner par ce gefte la défenfe
qu'il fait à la Madeleine de le toucher. Elle eft à fes pieds, les bras
étendus, le regardant. Il y a derriere J. C. une nuée qui cache un
Ange dont il ne paroît que la tête
& qui tient une béche. A droit un
peu dans le lointain on voit le
Tombeau & deux Anges vêtus de
blanc. L'endroit où eft N. S. repréfente une bute avec deux grands
arbres, & derriere dans un fond
fort bas & très-éloigné un Paifage.
Un Ciel bleu acheve le Tableau.

PREDICATION DE S. JEAN.

Peint fur cuivre, haut de dix pouces & demi, large d'un pied deux pouces. Ovale.
Fig. dans la proportion de fix pouces.

La Scene du Tableau eſt un Pai- *Le Ma-*
ſage. Saint Jean aſſis ſur une bute *rſchal d'Eſtrées.*
prêche, & eſt écouté par un petit
nombre de perſonnes, entre leſ-
quelles ſont deux femmes avec des
enfans à la mammelle. Ces Figures
forment une groupe qui remplit
preſque tout le devant du Tableau.

FRANCOIS BASSAN.

IL étoit l'aîné & le plus habile des quatre Fils de Jaques Baffan, & celui qui a le plus tenu de fa Maniere : cequi le fit fort eftimer à Venife où il alla s'établir, enforte qu'il s'y foutint contre le Tintoret & Paul Véronefe. Il y fit beaucoup d'Ouvrages pour la République, particuliérement pour des Marchands qui les portoient dans les Païs Etrangers, & en faifoient fouvent faire des Copies qu'ils vendoient pour des Originaux. Son humeur réveufe jointe à fa grande aplication le jeta dans une mélancolie qui lui ataqua le cerveau. Il s'imaginoit fouvent être pris par les Sbirres, ce qui le faifoit vivre dans des craintes continuelles. Tous les foins de fa femme qui ne le laiffoit point fortir, ne purent guérir cette manie : un jour qu'il

entendit heurter à fa porte, croiant
qu'on le cherchoit, il fe jeta par la
fenetre, & s'étant caffé la tête, il
mourut peu de tems après à l'âge
de quarante-quatre ans en l'année
1594.

LE PARALYTIQUE.

Peint fur toile, haut d'un pied cinq pouces,
large d'un pied un pouce.
Figures de huit pouces.

Notre-Seigneur parle au Paraly- *Mylord*
tique qui eft à moitié couché fur *Melfort.*
un matelas, & foutenu par un hom-
me. Il y a un Eftropié derriere, &
un autre fur le devant. On aperçoit deux Apôtres derriere J. C. &
un homme qui monte à une colo-
ne pour voir le Miracle. Le fond
du Tableau repréfente un veftibule
avec une efpéce de pavillon fous lequel font deux Docteurs de la Loi,
l'un affis & l'autre debout.

S. Luc.
ch. xv.
v. 20.

L'ENFANT PRODIGUE.
Comme le précédent.

Mylord
Melfort.

On voit à gauche une efpéce de veftibule avec des colonnes fur des piedeftaux qui en forment l'entrée, & un péron de plufieurs dégrés qui y monte. L'Enfant Prodigue eft au haut profterné aux pieds de fon Pere qui eft acompagné de plufieurs perfonnes, & le reçoit lui tendant les bras. Du même côté on voit un Cuifinier qui aprête des viandes, & au-deffous une femme baiffée qui paroît choifir des volailles qui font dans un grand panier, & deux hommes à droit qui regardent avec étonnement la réception de l'Enfant Prodigue, & derriere eux eft un vacher qui veut faire relever une vache. Le haut du Tableau du même côté repréfente un Paifage.

UNE FERME.

Peint fur toile, haut de deux pieds cinq pouces, large de trois pieds fept pouces.
Figures d'environ dix-huit pouces.

Ce Tableau repréfente des fabriques avec toutes forte d'animaux,
entre lefquels font des moutons
que le Berger va mener au champ.
A gauche à l'opofite eft une femme qui donne à manger à des pou-
lets. Au milieu du Tableau on voit
une autre femme affife à terre qui
file, il y a aparence que c'eft la Fer-
miere. Derriere elle eft une fervante qui porte un petit enfant, &
qui s'en va. Un peu plus loin on
aperçoit deux hommes dans un
chemin dont un eft chargé d'un fac
de grains. Le refte du Tableau eft
un Paifage.

UN BERGER QUI DORT.

Peint fur toile , haut de deux pieds , large de
deux pieds onze pouces
Figures dans la proportion de dix pouces.

La Scene du Tableau eft un Paifage où l'on voit des Bergers avec
plufieurs troupeaux de moutons,
une vache & une chevre. Sur le devant il y a un Berger couché fur le
dos, les jambes en l'air qui dort,
& un autre qui pance une brebis.
On pourroit apeler ce Tableau l'E-
té, la tranquilité des animaux &
l'affoupiffement des Bergers marquant cette action dans la plus grande chaleur du jour.

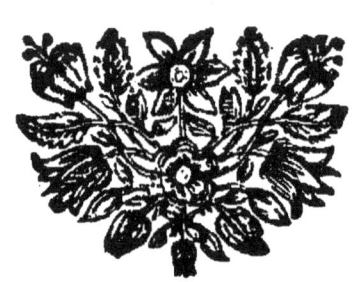

FRANCOIS FRANCIA.

IL naquit à Bologne en 1450. & fut d'abord Orfévre & enfuite excellent Graveur de Médailles : mais cédant à fon Gout pour la Peinture il s'atacha à cet Art, & la facilité qu'il y trouva, jointe à fon aplication le rendit un des plus habiles Peintres de fon tems. Il étoit dans un âge fort avancé lorfque Raphaël avec qui il étoit en commerce d'amitié, lui adreffa la Sainte Cécile qu'il avoit faite pour une Eglife de Bologne, le priant d'y coriger les fautes qu'il y trouveroit, mais on prétend qu'il fut fi furpris de la beauté de ce Tableau, & en même tems fi touché de voir un Ouvrage auffi fupérieur aux fiens, qu'iltomba dans une langueur qui lûi caufa la mort ; les uns difent en 1518. les autres en 1530. Il a été Chef d'une grande Ecole, &

a eu un Fils, un Neveu & un Coufin Peintres.

UNE SAINTE FAMILLE,

OU PLUTOT

L'ENFANT JESUS DONNANT UNE CLEF A S. PIERRE.

Peint fur bois, haut de quatre pieds huit pouces & demi, large de quatre pieds fept pouces.
Fig. petite nature.

La Scene eft un Paifage qui repréfente dans le milieu une roche
où la Vierge eft affife, aiant l'Enfant Jefus fur fes genoux, qui tient
deux clefs : il en donne une à Saint
Pierre qui eft à gauche, & regarde
Saint Paul qui eft de l'autre côté tenant un livre & caractérifé par fon
épée.

FRANÇOIS

FRANÇOIS MAZZUOLL

LA Ville de Parme a donné à ce Peintre la naiſſance & le ſurnom de *Parméſan*, ſous lequel il eſt plus connu que ſous le ſien propre. Aïant perdu ſon Pere de bonne heure, deux de ſes Oncles qui étoient Peintres, en prirent ſoin, & le Maître qui lui aprenoit à écrire, lui voiant faire des traits hardis, leur perſuada de lui montrer à deſſiner & à peindre, à quoi ils s'apliquerent, quoiqu'ils fuſſent peu habiles : mais les diſpoſitions & l'inclination du Parméſan ſuplécrent à leur capacité. Aïant travaillé quelque tems en Lombardie, il alla à Rome & étudia les Ouvrages de Michel Ange & de Raphaël, s'atachant au dernier à un tel point qu'on diſoit que ſon Génie étoit paſſé en lui, tant il en avoit pris le Goût & la Maniere.

G

Il y a de la vivacité dans fes Inventions, fon Deffin eft fvelte & favant,
il a un Pinceau facile & un Coloris
agréable ; fes Figures ont dans les
atitudes une certaine grace qui lui
eft propre, fes airs de Têtes char-
ment, & la touche de fon Paifage
eft admirable. Le Parméfan étoit
né pour être un Peintre acompli,
fi la manie de la PierrePhilofopha-
le ne l'avoit pas féduit dans la vuë
de s'enrichir. Elle le poffeda tellement qu'elle l'enleva à fon Art,
altéra fa fanté & le conduifit au
tombeau en 1540. n'aiant que trente-fix ans.

UNE SAINTE FAMILLE.

Peint fur toile, haut de onze pouces & demi, large de huit pouces & demi.
Fig. dans la proportion de neuf pouces.

M. De   La Viërge vêtue de rouge avec
Menars. une draperie bleue eft affife tenant
l'Enfant Jefus & s'avançant pour
l'aider à recevoir la Croix que le
petit Saint Jean lui préfente. Une

chambre avec un pavillon pourpre fait le fond du Tableau : il y a une fenêtre ouverte qui laiſſe voir un lointain où l'on aperçoit Saint Joſeph avec ſon âne.

N. S. LA VIERGE, S. JOSEPH ET S. FRANCOIS.

Peint ſur bois, haut de deux pieds neuf pouces & demi, large de deux pieds.
Fig. au-deſſous de demi-nature.

L'Enfant Jeſus nu eſt debout devant la Vierge & Saint Joſeph. A gauche plus ſur le devant eſt Saint François à mi-corps qui tient une Croix & un livre ouvert. Le fond du Tableau eſt un Paiſage.

LE SPOSALICE.

Peint ſur cuivre, haut de neuf pouces & demi, large de ſix pouces & demi.
Fig. de quinze pouces.

La Scene du Tableau eſt une chambre où il y a une eſpéce de pavillon vert. La Vierge a ſur ſes genoux l'Enfant Jeſus qui met un anneau au doigt de Sainte Catherine. A gauche fur le devant on voit la tête d'un Vieillard. Le fond entre N. S. & Sainte Catherine repréfente une fenêtre où paroîffent deux vieillards.

UNE SAINTE FAMILLE.

Peint fur bois , rond de deux pieds quatre pouces de diamétre.
Fig. prefque de grandeur naturelle.

M. de Seignelay La Vierge qui montre à lire à l'Enfant Jefus , eft vue de côté prefque à mi - corps , le bras gauche étendu, & l'EnfantJefus eft affis devant elle fur un couffin , foutenant fon livre de la main droite , aiant la gauche proche de fon vifage , & mettant un doigt fur fa bouche. Entre la Vierge & l'Enfant Jefus eft une Figure dont on ne voit que la tête. Le fond du Tableau eft brun.

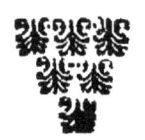

FRANCOIS MIERIS.

ON a peu de Tableaux de ce
Peintre, étant mort fort jeune en 1683. Il étoit Difciple de
Gerard Dou, fe fervoit comme lui
d'un miroir convexe, & a fuivi entiérement fa maniere ; mais il l'a
furpaffé pour le Goût du Deffin,
pour l'agrément des Compofitions, & même pour la fuavité des
Couleurs.

UNE FEMME QUI MANGE DES HUITRES.

Peint fur bois, haut de dix pouces & demi,
large de fept pouces & demi.

Le fond du Tableau eft une fale,
où une femme en manteau de lit
d'écarlate, fouré d'hermine avec
une jupe de fatin blanc, eft affife
proche d'une table couverte d'un
tapis de Turquie, où il y a un pot
avec un plat d'huitres qui lui eft pré-

fenté par un gros Bourguemeftre qui lui en conte , & qu'elle écoute. Elle tient de la main gauche un verre plein de vin , & de la droite une huitre.

UNE BACCHANALE.

Peint fur cuivre , haut de dix pouces & demi ,
large de huit pouces & demi.

Paifage où l'on voit une femme nue , une draperie blanche lui couvrant feulement le haut de la euiffe droite. Elle cueille une grape de raifin. Un Faune qui tient une coupe , la regarde ; un autre Faune & une Bacchante font derriere elle , l'un jouant de la flute , & l'autre du tambourin.

L'ENFANT QUI FAIT DES BOUTEILLES DE SAVON.

Peint fur bois ; haut de onze pouces , large de neuf pouces.

Dans un falon ouvert en arcade avec un apui orné de bas-reliefs , on voit une femme qui montre une groſſe grape de raiſin à un enfant qui fait des bouteilles de ſavon. Sur le devant, un autre enfant regarde un perroquet qui eſt dans ſa cage.

LE ROTISSEUR.

Peint ſur bois, haut d'un pied, large de dix pouces.

On voit un jeune homme qui tient par les pieds un gros coq qu'une fille marchande. Le fond eſt une terraſſe dont l'apui eſt orné de bas-reliefs. Au haut du Tableau on lit *F. van Mieris.*

LE CHIMISTE.

Peint ſur bois, haut d'un pied ſix pouces, large d'un pied un pouce.

Un Laboratoire rempli de tous les uſtenciles de Chimie avec un étau & de grandes tenailles fait le fond du Tableau. Un vieux homme eſt apliqué à une opération ſur

G iiij

un fourneau alumé, fon garçon eſt
à côté de lui qui foufle le feu. A
droit eſt un grand livre ouvert.
Sur l'épaiſſeur du rebord d'une fenêtre où il y a un creuſet & une
fiole, on lit *F. van Mieris*.

FRANCOIS POURBUS.

IL étoit né à Bruges & Fils de Pierre Pourbus, qui fut fon pré-mier Maître. Il fut enfuite Difci-ple de Franc Flore, qu'il furpaffa dans l'intelligence des Couleurs : il fut auffi plus habile que fon Pere. Il y a de fort beaux Portraits de lui à l'Hôtel - de - Ville de Paris. Il mourut en 1622.

HENRI IV.

Peint fur bois, haut d'un pied deux pouces, large de neuf pouces.

Ce Roi eft en pied, aiant un ha-bit de velours noir cifelé de la for-me de ceux des Cent-Suiffes avec un ceinturon de la même étofe, une longue épée & une fraife. Il a la Croix de l'Ordre pendante au col, comme on la portoit ancien-nement à la maniere des Evêques.

G v

Sa main eft apuiée fur une table
couverte d'un tapis d'écarlate enrichi de galon & de frange d'or. Un
pavillon vert fur lequel il eft, lui
fert de fond.

FREDERIC BAROCHE.

LA Famille du Baroche origi-
naire de Milan , étoit établie
à Urbin depuis longtems, lorſque
ce Peintre vint au monde en 1528.
Son Pere qui modéloit en creux &
en relief, l'exerçoit à deſſiner ; à
quoi il ſe porta d'une maniere qui
fit juger qu'il étoit né pour la Peinture. A l'âge de vingt ans il alla à
Rome , où il profita beaucoup.
Etant revenu à Urbin , il eut ocaſion de voir des Têtes du Correge
au Paſtel, & il fut ſi épris de leur
beauté qu'il voulut faire des Deſſins de même au Paſtel d'après nature. Il parvint de cette ſorte à imiter ce grand Maître , ſoit dans les
beaux airs de Tête , ſoit dans la
douceur du Coloris. Auſſi a-t-il
fort aproché de ſa Maniere, & ſi ſes
Couleurs ne ſont pas d'un ſi grand
Goût, ni ſi naturelles; ſon Deſſin eſt
G vj

au deſſus pour la Correction, mais il prononçoit trop les parties du Corps. Sa coutume étoit avant que de peindre les Figures, de les modéler en terre ou en cire. Il avoit un Talent particulier pour les Sujets de Dévotion qu'il a traités avec beaucoup de jugement & de grace. Il ſe ſervoit pour faire ſes Vierges d'une Sœur qu'il avoit. Il a vécu quatre - vingt - quatorze ans, & avoit eu pendant cinquante, une maladie qui ne lui permetoit de dormir ni la nuit ni le jour, lui laiſſant à peine deux heures où il pût travailler ; ce qui ne l'a pas empêché d'être un des plus gracieux & des plus habiles Peintres qui ait jamais été. Il mourut en 1612.

UNE SAINTE FAMILLE.

Peint ſur toile, haut de deux pieds ſept pouces, large d'un pied dix ppuces.
Fig. d'un pied.

La Vierge eſt aſſiſe ſur une chaiſe, tenant de la main droite un livre, l'Enfant Jefus eft devant elle à fon féant dans une efpéce de berfeau qui a un doffier chantourné; il y a un gros chat au pied de la Vierge fur fa robe. Sainte Elifabeth préfente à l'Enfant Jefus S. Jean qui n'a qu'une fimple draperie volante; derriere la Vierge eft S. Jofeph, avec des outils de Charpentier à fes pieds, foutenant de la main gauche un rideau du pavillon qui fert de fond au Tableau, & dont l'ouverture laiffe voir un bout de Paifage.

UNE TESTE DE S. PIERRE.

Peint fur toile, haut d'un pied, large d'onze pouces.
Fig. de grandeur naturelle.

Il eft de profil. Ses cheveux font blancs, & fa barbe qui eft de même, eft fort épaiffe.

UNE SAINTE FAMILLE,

OU PLUTÔT.

UNE FUITE EN EGYPTE.

Peint fur toile, haut de quatre pieds un pouce,
large de trois pieds quatre pouces.
Fig. de petite nature.

La Vierge vêtue d'une robe couleur de rofe féche, avec une draperie bleue par-deffus, eft affife proche d'une fontaine, & fon atitude
eft telle qu'on lui voit toute la
plante du pied gauche. Elle tend un
goblet à la fontaine pour avoir de
l'eau. S. Jofeph eft derriere & donne
à l'Enfant Jefus, qui eft affis à côté
de la Vierge, un bouquet de petits
fruits rouges. Plus haut & près
l'Enfant Jefus eft un âne. Il y a en
bas dans le coin à gauche, le chapeau de voiage de la Vierge qui eft
de paille avec fon paquet. Le fond
du Tableau eft un Paifage.

L'EMBRASEMENT DE TROYE.

Peint fur toile, haut de cinq pieds dix pouces,
large de neuf pieds neuf pouces.
Fig. de petite nature.

Enée emporte fon Pere Anchi-
fe, acompagné d'Afcagne qui le
tient par fa côte-d'armes : Créufe
eft à droit qui fe fauve auffi du milieu des flames. Le fond du Tableau repréfente un veftibule rempli de fumée avec des bâtimens à
droit tout en feu. Sur le devant on
voit les morceaux d'une frife, des
étendars, & un cafque à terre.

UNE SAINTE FAMILLE.

Peint fur toile, haut de deux pieds fept pouces, large d'un pied dix pouces.
Fig. dans la proportion de deux pieds.

La Vierge eft à gauche, tenant
l'Enfant Jefus affis fur fon berceau,
qui embraffe S. Jean, que Sainte
Elifabeth lui préfente. Derriere la
Vierge à gauche eft Sainte Catherine apuiée fur fa roue & tenant une

palme. S. Jofeph eft de bout au deffus de la Vierge, parlant à une jeune fille compagne de Sainte Catherine, à qui il montre l'Enfant Jefus.
Le fond du Tableau eft une Chambre.

GASPARD NETSCHER,

Fils d'un Ingenieur, étoit né à Prague. Il fut élevé à Arnhem chez un Médecin nommé Tulkens, qu'il le fit étudier dans l'intention qu'il le fût ; mais son inclination pour la Peinture s'étant déclarée, il falut y céder. On le mit d'abord chez un Vitrier, le seul d'Arnhem, qui sçût un peu peindre. Il surpassa bientôt son Maître, & s'en alla à Déventer chez un habile Peintre apellé Terburg, qui avoit sur tout un talent particulier pour peindre les Satins. Il le communiqua à son Eléve qui l'a mis en œuvre dans plusieurs de ses Tableaux. Etant sorti de chez Terburg, & s'étant marié, la nécessité de faire subsister une nombreuse famille, l'engagea à se mettre dans les Portraits, où il aquit une grande réputation. Il passa

pour un des meilleurs Peintres des
Païs-Bas en petit. Son Deffin eſt aſ-
fez correct, mais ſon Goût tient
du climat. Il entendoit fort bien le
Clair-obfcur, & a très-bien fait le
linge. Il mourut à la Haye en
1684. âgé de quarante-huit ans.

SON PORTRAIT PEINT PAR LUI-MEME.
Peint fur bois, haut d'un pied quatre pouces
& demi, large d'un pied & demi pouce.

Le fond de ce Tableau repréſente un falon ouvert en arcade, avec
un apui orné de bas-reliefs. Ce
Peintre habillé de noir avec un ra-
bat eſt en pied & de face, une main
fur l'apui où l'on voit fa palete avec
fes pinceaux, fon couteau & fa baguete, & au bout une petite ſtatue
du Lantin. On lit au bas de ce Portrait à gauche G. NETSCHER *Fec.*
1669.

LA MAITRESSE D'ECOLE.
Peint fur bois, haut d'un pied quatre pouces
& demi, large d'un pied demi pouce.

On voit à gauche du Tableau

une femme affife qui montre à lire
à une petite fille qui eft de bout devant elle. Un petit garçon en robe
à manches pendantes, aiant un
bonnet garni de plumes, eft à droit
qui joue avec un chien monté fur un
fauteuil de velours rouge. La Scene eft une fale où il y a une grande
armoire avec un Tableau ataché
au deffus, & à côté une carte de la
Hollande.

A G A R.

Genefe
ch. xvii

Peint fur toile, haut d'un pied dix pouces,
large d'un pied fix pouces.

Abraham eft affis fous un pavillon, & Sara lui préfente Agar qui
eft vêtue de blanc, & a la gorge
fort découverte. A droit il y a une
table couverte d'un riche tapis avec
un baffin & une éguere. Le fond eft
un Paifage.

LES BOHEMIENNES.

Peint fur toile, haut d'un pied dix pouces,
large d'un pied fix pouces.

Une jeune fille richement vêtue, accompagnée d'une vieille,
regarde dans la maifon d'un jeune
homme qui eft affis; un enfant eft
derriere lui. Le fond eft un Paifage.

L'OISEAU.

Peint fur bois, haut de neuf pouces & demi,
large de fept pouces.

C'eft un petit Paifage où l'on
voit deux enfans, dont un tient
un oifeau avec lequel il badine.
fur le devant il y a des bouquets de
fleurs rouges.

UN SACRIFICE A VENUS.

Peint fur toile, haut d'un pied fix pouces,
large d'un pied deux pouces.

La Statue de Vénus acompagnée de l'Amour, eft fur un pied
d'eftal, orné de bas-reliefs. Trois
femmes font à genoux au pied. Le
fond eft un Paifage.

GEORGES GIORGION.

LE Bourg de Castel - Franco dans la Marche Trévisane & Vedelago qui en est proche , se disputent l'honneur d'avoir donné la naissance à ce Peintre. Sa taille avantageuse & son grand air l'ont fait apeler Giorgion , & son aplication au Dessin qu'il étudia d'après les Ouvrages de Leonard de Vinci , engagea son Pere à le mettre chez Jean Bellin ; mais il surpassa bien-tôt son Maître par la force & la suavité de son Coloris , & par sa grande intelligence du Clair-obscur. Comme il a beaucoup peint à Fraisque , & qu'il a peu vécu, ses Tableaux de Cabinet sont très-rares. Il s'atacha fort au Naturel qu'il ne perdit jamais de vue. Il avoit l'Imagination vive ; son Goût de Dessin étoit délicat ; & aucun Peintre avant lui n'avoit connu les Couleurs fieres. Il a eu le fecret d'en conferver la fraîcheur ; & cette beauté avec les opofitions qu'il a mifes dan s fes Paifages, les rendent admirables. En fortant de la féchereffe de Jean Bellin, il eft le prémier qui a fçu donner de la vie à fes Figures en les peignant avec les Couleurs de la Nature. Il n'a vécu que trente-quatre ans : & eft mort en 1511.

UN CAVALIER BLESSE'.

Peint fur toile, haut d'un pied fix pouces, large d'un pied fix pouces.
Fig. de dix pouces.

Mylord Melfort. La Scene du Tableau eft une chapelle. Un Cavalier fort bleffé eft au pied de l'Autel un genou en terre, & foutenu par un Cordelier qui lui montre N. S. peint avec la Vierge au-deffus du même Autel. Son cafque & fa lance font proche de lui. A droit eft une fenêtre ouverte qui fait voir un Paifage dans le lointain avec un cheval qui eft celui du Cavalier.

L'AMOUR PIQUÉ.

A 2..
Ou N...

Peint fur toile haut de trois pieds fix pouces,
large de quatre pieds cinq pouces.
Fig. de petite nature.

Ce Dieu qu'une abeille avoit au mal
piqué fe plaint à fa mere. Cette
Déeffe dont l'habillement eft d'é-
carlate, eft affife de maniere
qu'on lui voit la jambe gauche
avec le bout du pied droit. Elle
tient la main de fon fils, reconnoiffable à fes aîles & à fon dard:
l'expreffion de fon vifage témoigne la douleur aigue qu'il reffent.
Son carquois & fes javelots font
à une petite diftance à droit fur le
devant. Un Paifage avec fabrique
& un arbre folitaire dans le milieu
fait le fond du Tableau.

Ce Paifage pouroit être pris
pour l'île de Cyther, fi la fabrique ne reffembloit pas plutôt à
une Eglife qu'à un Temple antique.

*

GASTON DE FOIX.

Peint fur bois, haut de fept pouces, large
de fix pouces
Fig. à mi-corps dans la proportion de dix-
huit pouces.

Ce grand Capitaine a une
cuiraffe avec des braffars, & une
écharpe où l'on remarque fur l'é-
paule une croix. Il y a devant lui
un Page qui lui accommode fon
armure. Ce Page dont le bras cache le corps, a la manche de velours vert & une efpece de toque
rouge très-pliffée. Le fond du Tableau eft brun.

SAINT PIERRE MARTYR.

Peint fur toile, haut de trois pieds deux pouces, large de quatre pieds fix pouces.
Fig. demi-nature.

Ce Saint étoit de Vérone, &
La Reine
de Suede. contemporain de S. Dominique.
Les Chefs de certains Hérétiques
apelés Cathares, efpéce de Mani-
chéens, le firent affaffiner fur le
chemin de Côme à Milan en 1252.

La

La Scene du Tableau eſt l'entrée d'un bois ſur le bord d'un grand chemin, où l'on voit deux hommes & une femme avec des bœufs qui paſſent. Ce Martir expirant eſt étendu à terre les bras ouverts, la tête renverſée, regardant une Gloire qui eſt au haut du Tableau, le ſang coule le long de ſa robe & il paroît bleſſé à la gorge; un des aſſaſſins tient encore le poignard levé, & l'autre pourſuit & ſaiſit le compagnon de S. Pierre. Le fond eſt un Payſage qui repréſente dans le lointain un homme avec un âne chargé d'une valiſe, & derriere, un Bucheron.

PIC DE LA MIRANDOLE.

Peint ſur toile, haut de trois pieds ſept pouces, large de deux pieds deux pouces.
Buſte.

Ce Prince eſt de profil aiant un habillement d'écarlatte avec une draperie bleue par deſſus, & une

H *

grande calote rouge. Le fond du Tableau eft brun.

UNE ADORATION DES BERGERS.

Peint fur bois, haut de trois pieds fix pouces.
large de quatre pieds cinq pouces.
Fi: demi-nature

L'Enfant Jefus eft à terre fur un bout de la draperie de la Vierge qui eft à genoux. Cette draperie eft blanche, & elle femble la relever pour faire voir le Sauveur aux Bergers. S. Jofeph eft à côté de la Vierge, & les regarde. Il y a deux Bergers à genoux, celui qui eft fur le devant, a une expreffion d'admiration, l'autre eft tourné, & paroît apeler quelqu'un qu'on ne voir pas, & tout à gauche on aperçoit un troifiéme Berger qui arive. Le fond du Tableau eft un Paifage.

L'IN-

L'INVENTION DE LA VRAIE CROIX.

Peint fur toile, haut de quatre pieds deux
pouces, large de fept pieds fix pouces.
Fig. dans la proportion de dix-huit pouces.

La Scene du Tableau eft un Port *M. de la*
de mer, où l'on voit à droit un *Chatar-*
gn.craie.
grand vaiffeau avec un autre dont
il ne paroît que le château d'avant,
& leurs efquifs qui mettent le
monde à bord. Tout fur le devant
eft un puits à rafe-terre qui atire
tous les Perfonnages du Tableau,
parce que c'eft où eft la vraie
Croix. Sainte Hélene vêtue de
blanc eft à droit acompagnée de
trois femmes, dont une paroît tenir
le pavillon Impérial qui eft blanc
avec une croix rouge. Un jeune
homme qui a un manteau verd,
eft à côté de la Mere de Conftan-
tin, & lui montre le puits. A droit
de ce jeune homme, il y a un
vieillard habillé en Turc avec un
turban ; vis-à-vis font deux Gardes
armés de pertuifannes, qui préfen-

H ij

tent ce puits à un Efclave éfraié qui
a les mains liées, & une écharpe
au cou avec laquelle un de ces deux
Gardes le tient. Tout proche, quatre autres Gardes aménent trois autres Efclaves pour décendre auffi
dans le puits, à quoi ils réfiftent,
un d'eux paroiffant s'être jeté à terre, enforte qu'un des Gardes a été
obligé de quiter fa pertuifanne
pour le relever de force. A l'extrémité du Tableau à gauche il y a un
foldat en fentinelle à moitié affis
fur une bute, & à une certaine diftance un chien noir & blanc. Le
refte du Tableau eft un Paifage où
l'on voit dans diférent éloigne-
mens plufieurs groupes qui repréfentent des gens qu'on améne vers
le puits; & tout dans le lointain à
droit par delà la mer, comme le
deffus d'une Eglife avec un clocher.

MILON CROTONIATE.

Peint fur toile, haut de fix pieds un pouce,
large de fept pieds un pouce.
Fig. de grande nature.

La Scene du Tableau eft une Fo-
rêt à l'entrée de laquelle il y a un
gros tronc d'arbre que Milon avoit
voulu féparer en deux, & où il a
les mains prifes. Il eft nu, & fon
atitude marque l'éfort qu'il fait
pour retirer fes mains. On voit au
haut & à droit un lionceau qui
acourt, & dans le lointain un bout
de Paifage avec fabrique.

LE PORTRAIT DU PORDENON
SOUS LA FIGURE DE DAVID.

Fig. de grandeur naturelle.

Ce Peintre a une cuiraffe, tenant d'une main la tête de Goliath
& de l'autre fon épée. Le fond du
Tableau eft brun : on lit au haut
dans un petit écritau les quatre
vers fuivans, qui marquent que le

H iij

Giorgion & le Pordenon s'étoient
peints l'un l'autre en David.

In David fe ritraffe il grand Gior-
      gione
Perfervir il fuo bene in Caftelfranco,
Emulo di valor non fece manco
In pingendo l'infigne Pordenone.

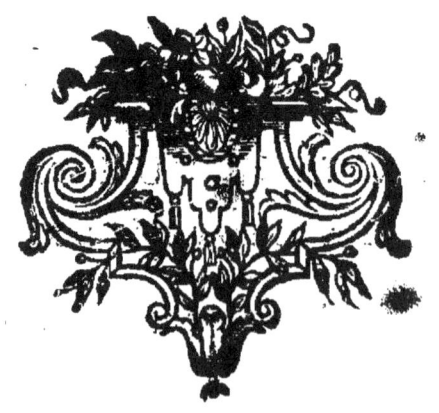

GEORGES VASARI.

LEs Vies des Peintres, des Sculp-
teurs & des Architectes com-
posées par Georges Vasari l'ont
bien plus fait connoitre que ses
Ouvrages de Peinture, quoiqu'il
en ait fait beaucoup, peignant avec
une grande facilité. Il fut successi-
vement Disciple de Guillaume de
Marseille, d'André del Sarte, &
enfin de Michel Ange, & aquit un
assez bon Goût de Dessin, mais
aiant négligé le Coloris, il ne s'est
pas fait une grande réputation. Il
étoit d'Arezzo en Toscane, fut
mené à Rome par le Cardinal Hip-
polyte de Médicis, & y dessina
toutes les Sculptures antiques. Il
peignit ensuite dans les principales
Villes d'Italie & mourut à Florence en 1574. âgé de soixante & quatre ans.

H iiij

LES SIX POETES.

Peint fur boiz , haut de trois pieds onze pouces , large de quatre pieds.
Fig. de grandeur naturelle.

Vafari qui a peint ce Tableau ,
nomme ces fix Poëtes Dante , Petrarque , Guido Cavalcanti , Bo-
cace , Cino de Piftoie , & Guito-
ne d'Arezzo.   Petrarque eft le
feul qui foit reconnoiffable à fon
habit de Chanoine avec une efpéce
de camail rouge , aiant eu un Canonicat à Milan après la mort de
la belle Laure dont le portrait eft
fur la couverture d'un livre qu'il
tient. Il y a aparence que Dante eft
tout fur le devant , vetu d'une robe de couleur de rofe feche avec
une calote rouge. Il eft affis devant
une table fur laquelle il y a deux
livres pofés l'un fur l'autre à plat ,
une écritoire , un quart de cercle ,
deux globes & un compas : il tient
de la main gauche un livre ouvert
qu'il montre à un jeune homme

qui eſt un peu derriere, & dont il ne paroît que la tête. On voit entre Petrarque & Dante un autre homme & ces quatre Figures ont des couronnes de laurier. A gauche derriere Petrarque ſont les deux autres dont un a une calote rouge & l'autre griſe.

GERARD DOU.

IL étoit de Leyde, & fut Difciple de Rembrant, à qui il a dû
l'intelligence & les principales Regles de fon Art dans la partie du
Coloris, diférant dans le refte de
fa Maniere. Il peignoit en petit à
huile; & fes Figures qui pour l'ordinaire ne paffoient pas un pied,
étoient terminées comme le Naturel. Il ne faifoit rien que d'après le
vrai qu'il regardoit avec un miroir
convexe, fans que fes Ouvrages
perdent rien de fa fraîcheur, de
l'union ni de la force des couleurs,
aiant toute l'intelligence du Clair-
obfcur.

Il vivoit en 1666.

On pro- UNE FEMME SUR SON STOEB. *
nonce
Stonb.* Peint fur bois, haut d'un pied deux pouces,
large d'onze pouces.

Une Femme blonde en manteau

de lit vert, fouré d'hermine prend l'air fur le perron d'entréc de fa maifon (apelé Stoeb en Hollandois) l'apui eſt couvert d'un tapis de Perfe.

UN JOUEUR DE VIOLON.

Peint fur bois, haut d'un pied, large de fept pouces.

On voit un jeune homme qui jouë du violon, aiant devant lui un Livre de Muſique. Le fond eſt un falon ouvert en arcade avec un apui orné de bas-relief. Au bas du Tableau on lit G. Dou.

LA FILEUSE.

Peint fur bois, haut de fept pouces & demi, large de neuf pouces & demi.

Ce Tableau repréfente une chambre où l'on voit une Vieille qui file au rouet. Auprès d'elle eſt une table à moitié couverte d'un tapis, & fur laquelle il y a un couteau, du pain & un pot caſſé par en haut. Au bord de la tablete

H vj

du rouet on lit G. Dou.

LA VIELLE A LA LAMPE.

Peint fur bois, haut d'un pied, large de neuf
pouces.

C'eſt une chambre où une vieille
femme qui tient une cuillier de
bois & un pot, eſt éclairée par la
lumiere d'une lampe.

Livre de
Tobie
c. 11.

LE VIEUX TOBIE.

Peint fur bois, haut d'un pied ſix pouces,
large d'un pied deux pouces.

Une chambre fait le fond du
Tableau où l'on voit le vieux Tobie avec Anne ſa femme, aſſis proche l'un de l'autre. Il tient une pi-
pe écoutant ſa femme qui lit dans
un grand livre. Il y a une table dans
le milieu, & à droit un grand rouet
à filer.

GERARD HONTORST.

CE Peintre étoit d'Utrecht & avoit eu d'abord pour Maître Blomaert. Il alla enfuite à Rome où après s'être beaucoup apliqué au Deffin, & avoir pris le Goût du Caravage, il s'exerça avec un tel fuccès aux Sujets de nuit qu'il n'a été furpaffè par perfonne dans cette forte de repréfentation. Lorfqu'il fut revenu dans fa Patrie, il fit plufieurs Tableaux d'Hiftoires, & fa réputation foutenuë de la pureté de fes mœurs lui atira la Jeuneffe la plus qualifiée qui avoit aprendre chez lui à deffiner & à peindre. Il montra l'un & l'autre aux Enfans du Roi de Boheme, c'eft-à-dire à fes deux Fils & à fes quatre Filles entre lefquelles la Princeffe Sophie & l'Abeffe de Maubuiffon fe diftinguerent par l'habileté de leur Pinceau. Charles I. l'aiant demandé

enfuite, il alla en Angleterre & y fit
pluſieursOuvrages pour Sa Majeſté.

A ſon retour en Hollande il peignit dans les Maiſons de plaiſance
du Prince d'Orange de grands Sujets Poëtiques à fraiſque & à huile,
& mourut en 1660. âgé de ſoixante & huit ans.

✓ JUDITH.

Peint ſur bois, haut de trois pieds cinq pouces,
large de trois pieds.
Fig. de grandeur naturelle.

Judith eſt habillée de rouge & a
de riches braſſelets. Elle vient de
donner la tête de ce Général à ſa
ſervante qui tient un flambeau qui
éclaire le ████leau, & eſt baiſſée
pour metre cette tête dans un ſac.
Le fond du Tableau eſt brun.

GUIDO CANLASSI.

LA diformité de corps de ce Peintre qui s'apeloit Canlaffi l'a fait furnommer *Cagnaci*, & c'eft fous ce nom qu'il eft connu. Il étoit de Cafteldurante, & fut Eléve du Guide à Bologne. Tant qu'il s'atacha à fa Maniere, il réuffit affez bien. mais aiant voulu la rendre plus fiere par un Coloris plus fort, il perdit fa réputation. Il mourut à Vienne âgé de quatre-vingts ans.

UNE MARTIRE.

Peint fur toile, haut de trois pieds cinq pouces, large de quatre pieds quatre pouces.
Fig. petite nature.

Une jeune Fille étendue à terre, aiant feulement une draperie bleuë au-deffous des reins, paroit bleffée, & l'on voit à côté d'elle un fleau avec une maffe au bout qui eft

enfanglantée & d'autres inftrumens
de martire.   Le fond du Tableau
eft brun.

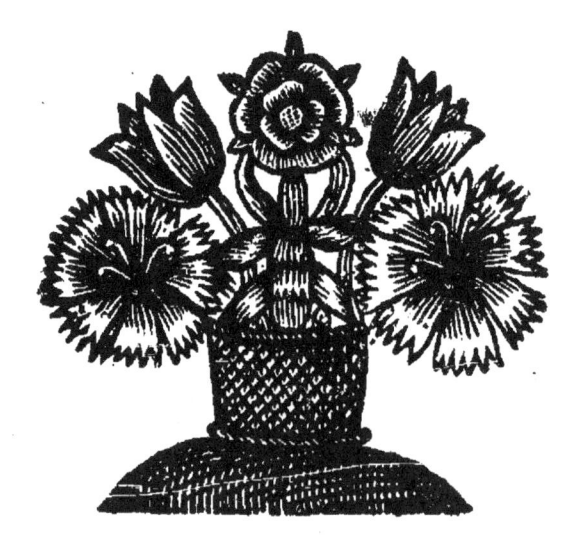

GRIFIR,

PEINTRE HOLLANDOIS.

LES DEUX MONTAGNES.

Peint fur bois, haut de cinq pouces & demi,
large de fix pouces & demi.

Ce Paifage eft partagé en deux
Montagnes. Au bas de celle qui eft
à gauche ombragée de grands arbres on voit tout fur le devant un
muletier conduifant un mulet de
bagage qui précéde un chariot ; fur
la hauteur il y a un homme vu par
derriere monté fur un mulet de
charge, trois hommes avec une
femme qui eft affife à terre, & un
vieillard qui monte : la Montagne
à droit eft couverte de ciprès, a fur
la croupe un Village, & au bas
quelques maifons avec des Figurines. L'efpace qui fépare ces deux
Montagnes eft un lointain.

LA RIVIERE.

Peint fnr bois, haut de cinq pouces & demi,
large de fix pouces & demi.

Ce Paifage repréfente une Riviere avec une Ifle en terraffe à
droit, au haut de laquelle il y a un
homme à cheval & un autre à pied.
Au bas on voit deux hommes &
une femme qui fe repofent,& deux
autres hommes auffi avec une femme qui paffent. Dans le milieu
tout fur le devant eft un bateau en-
chaîné avec un autre bateau : dans
le prémier on remarque une femme penchée qui lave du linge,
prefque à côté eft une barque à
voiie, & plus loin une barque à
rames où il y a des Paffagers dont
un eft fur un cheval. A l'autre bord
de la Riviere il y a une petite maifon. Le lointain eft à perte de vûë.

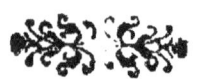

GUIDO RENI.

Aniel Reni excellent Muſicien, fut Pere de Guido connu en France ſous le nom du Guide. Il aprit les Principes de la Peinture de Denys Calvart Flamand, & ſe perfectionna ſous les Carraches, s'atachant particulierement à Louis, parce qu'il trouvoit beaucoup de grace & de grandeur dans ce qu'il faiſoit. Etant allé enſuite à Rome, & aiant étudié toutes les Manieres, il en chercha une qui pût plaire à tout le monde & à laquelle il pût s'arêter, ce qui le fixa à une Maniere claire que les Italiens apellent *Vague* : mais ſa Couleur s'étant peu à peu afoiblie, il négligea ſes Carnations au point de donner dans le gris qui alla ſouvent juſqu'au livide. Ses Têtes ſont admirables, ſoit pour la correction du Deſſin, ſoit pour la fi-

neſſe des Expreſſions; ſes Draperies
ſont riches , bien pliſſées & d'un
grand Goût ; ſon Pinceau eſt léger
& coulant ; enfin on trouve dans
ſes Tableaux une grace répanduc
par tout. Etant retourné à Bologne , ſes Ouvrages furent fort re-
cherchés , & il devint très-riche :
mais s'étant laiſſé entraîner à la
paſſion du jeu où il ne fut pas heu-
reux , il dégénéra & ne travailla
plus que pour le gain. Il mourut en
1642. âgé de ſoixante & ſept ans.

UNE MADELEINE.

Peint ſur toile , haut d'un pied quatre pouces ,
large d'un pied deux pouces.
Fig. de grandeur naturelle.

*Mylord
Melfort*

Le fond eſt un Ciel. La Madeleine aiant une draperie volante ,
eſt portée ſur une nuée , acompagnée de pluſieurs Anges , dont un
porte ſa boëte.

ERIGONE.

Métam.
d'Ovide
Liv. VL.

Peint sur toile, haut d'un pied dix pouces,
large de deux pieds un pouce.
Presque demi-figure.

La Fille d'Icare est nue, ses cheveux flotant sur ses épaules à l'exception de ceux du haut de sa tête
qui sont natés ; un petit bout de
draperie pourpre passe entre son
bras & sa mamelle gauche. Elle est
fort atachée à regarder des raisins,
(Bacchus étant caché sous cette
forme) & elle tient en l'air la ferviete qui les couvroit sans paroître
oser y toucher, les admirant avec
une délectation qui découvre ce
qui se passe en elle. Le fond du Tableau est un Ciel.

M. de
Seignelay

* SUSANNE PRESTE A SE BAIGNER.

Daniel.
C. XIII

Peint sur toile, haut de quatre pieds huit pouces, large de trois pieds huit pouces
Fig. de grandeur naturelle.

Susanne est sur le devant, prête
à se mettre dans le bain n'aiant de-

Le Duc
de Medo
ne.

* Ce Tableau & le suivant sont seulement de l'Ecole
du Guide.

puis la ceinture qu'une fimple draperie, jetée de façon qu'elle laiffe
voir fon pied droit qui eft renverfé:
Elle regarde d'un air moqueur les
deux Vieillards qui ont les yeux
atachés fur elle. Le plus proche
avance la main gauche qui la touche prefque, & a la droite apuiée
fur un pied d'eftal orné de bas-reliefs. L'autre Vieillard eft au-deffus.
Le fond du Tableau repréfente un
Jardin décoré de ftatues.

Daniel
ch. XIII. ## SUSANNE AVEC LES VIEILLARDS.

Peint fur toile, haut de quatre pieds huit pouces, large de trois pieds huit pouces.
Fig. de grandeur naturelle.

Le Duc de
Modene. Elle eft jufqu'aux genoux & affife, étant à moitié envelopée d'u-
ne draperie jaune qui forme un
voile autour de fa tête. Derriere
elle font les deux Vieillards dont
un lui tire fa draperie qu'elle retient par deffus fon bras droit, enforte qu'elle ne lui couvre plus que
les cuiffes : & cette action l'oblige

de retourner la tête avec un regard d'étonnement & de pudeur, repouſſant ce Vieillard qui lui fait un ſigne de ſilence de la main gauche. Le fond du Tableau eſt un Jardin dont les arbres ſont fort épais.

UNE VIERGE.

Peint ſur toile, haut de deux pieds deux pouces, large de deux pieds huit pouces.
Ovale.
Fig. de petite nature.

Elle eſt à mi-corps vêtue de bleu avec un voile blanc, & tient l'Enfant Jeſus : à côté d'elle eſt le petit S. Jean caractériſé par ſa Croix. Le fond du Tableau eſt brun.

HERODIADE.

S. Matth. ch. XIV. v. 11.

Peint ſur bois, haut de deux pieds deux pouces, large de deux pieds huit pouces.
Ovale.
Fig. de grandeur naturelle.

Elle eſt en corps, ſa coëfure forme une eſpéce de turban, & ſon habit qui eſt de pourpre, eſt garni de pierreries. Elle a au cou un fil de perles à deux rangs paſſé en écharpe ſous ſon bras gauche, & tient un plat dans lequel eſt la Tête de S. Jean. Le fond repréſente un rideau vert avec un bout de Ciel à droit.

UNE MADELEINE.

Peint ſur toile, haut de deux pieds ſix pouces, large de deux pieds un pouce.

M. de Seignelay Elle eſt de grandeur naturelle à mi-corps avec des mains.

UNE SIBYLLE.

Peint ſur toile, haut de deux pieds quatre pouces, large de deux pieds.
Fig. de grandeur naturelle.

Le Cardinal Mazarin. Elle eſt à mi-corps avec des mains, & caractériſée par ſon habillement & ſa coëfure en forme de turban.

UN ECCE HOMO,
MATER DOLOROSA.

M. de Chatillon Peintre. Peint ſur toile, haut d'un pied neuf pouces, large d'un pied quatre pouces. Ovales. Demi-Figures de grandeur naturelle.

UNE

UNE TESTE DE MADELEINE.

Peint fur toile , haut d'un pied fix pouces ,
large d'un pied fix pouces.
Fig. de grande nature.

Elle a les yeux élevés au Ciel, ce
qui lui fait pancher la tête de côté,
enforte que fa main droite la foutient. Elle éclaire le fond du Tableau.

M.
Rafk.

SAINTE APOLLINE.

Peint fur cuivre, haut d'un pied quatre pouces , large d'un pied.
Fig. à-peu-près d'un pied.

Cette Mártire eft atachée à un
poteau, & un boureau eft devant
elle en action de lui aracher les
dents avec une longue ténaille. Au-
deffus de la Sainte paroît un Ange
dans une nuée tenant une palme ;
à gauche on voit un bout de colonne avec un pied d'eftal. Le fond du
Tableau eft un Paifage,

L'Abbé
d'Efrées
Arch. de
Cambrai.
Le Card.
d'Efrées
l'avoit a-
porité de
Rome.

I

DAVID ET ABIGAIL.

Peint fur toile, haut de quatre pieds neuf pouces, large d'onze pouces.
Fig. de grandeur naturelle.

Le Duc de David en cuiraffe avec la chla-
Noailles. mide, ou manteau militaire d'é-
carlate, la main droite fur le côté , tenant une baguete de l'autre, eft à gauche & regarde Abigail qui vient au-devant de lui fur
un âne, acompagnée de deux femmes ; fon vêtement eft une robe
d'un bleu clair avec un manteau
de même étofe, qu'elle retient de
la main droite, tenant la bride de
fon âne de la main gauche. De
grands cheveux lui tombent par
devant du côté droit, & fa tête eft
ornée d'une couronne de fleurs.
Elle a les yeux baiffés, & paroît
n'ofer parler à David, intimidée
par fon atitude fiére & fon regard
menaçant. Il y a derriere David
deux Gardes, & à côté un petit
Page qui tient fon cafque. De l'Ar-

chitecture à gauche, & un Ciel bleu
à droit compofent le fond du Tableau.

SAINT BONAVENTURE.

Peint fur toile, haut de fept pieds fept pouces,
large de cinq pieds quatre pouces.
Fig. de grande nature.

Ce Docteur de l'Eglife en habit
de Prélat d'un gris-clair, eft affis
dans un fauteuil fous un pavillon
blanc, tenant un livre ouvert de la
main gauche, & étendant le bras
droit pour prendre de l'encre dans
un cornet que lui tient un petit
Ange, qui a une fimple draperie
verte autour des reins, & fe préfente de face, enforte qu'il a le
bras gauche apuié fur S. Bonaven-
ture, foutenant les cordons d'un
chapeau de Cardinal qui eft aux
pieds de ce Saint. Dans le coin à
droit on voit deux livres l'un fur
l'autre dont un eft ouvert; & au-
deffous un volume en rouleau à
l'antique. Le fond repréfente de

l'Architecture avec un bout de Ciel dans le lointain.

SAINT SEBASTIEN.

Peint sur toile, haut de sept pieds un pouce, large de cinq pieds trois pouces.
Fig. de grande nature.

Ce Martir est nu, aiant seulement une draperie au-dessous des reins. Il a les bras atachés par dessus sa tête à un arbre, la jambe droite fort étendue, & la gauche pliée & racourcie ; sa robe qu'on lui a ôtée, est derriere lui. Il est percé de deux fléches au côté droit & sous le bras gauche. Le fond du Tableau est un Paisage.

LA DECOLATION DE S. JEAN-BAPTISTE.

Peint sur toile, haut de dix pieds un pouce, large de six pieds neuf pouces.
Fig. de grande nature.

Hérodias est acompagnée de quatre femmes, dont une reçoit dans un bassin la Tête de S. Jean qu'aporte le Satellite qui la lui a

coupée, la tenant par les cheveux.
Le corps eſt ſur le devant du Tableau dans une atitude racourcie,
avec l'épée qui a ſervi à cette Dé-
colation. Le fond eſt brun repréſentant une priſon.

L'ENFANT JESUS.

Peint ſur cuivre, haut de huit pouces, large
de dix pouces & demi.
Fig. d'environ neuf pouces.

Il eſt nu & couché ſur ſa croix.
Le fond du tableau eſt un Paiſage.

LA VIERGE ET L'ENFANT JESUS
QUI DORT.

Peint ſur bois, haut d'un pied deux pouces,
large d'un pied ſix pouces.
Fig. de vingt pouces.

Il eſt nu ſur un petit lit rouge, *M.*
aiant un couſſin ſous ſa tête & dort. *Bibron.*
La Vierge vêtue de bleu avec un
voile jaune & dont on ne voit que
la tête & l'extrémité des mains
jointes, le contemple & l'adore.
Le fond eſt brun.

I iij

HERMAN SVANEFELD.

CE Peintre étoit furnommé à Rome l'Hermite, parce qu'il alloit feul étudier le Paifage d'après nature. Il s'eft rendu habile dans ce genre, & deffinoit les Figures de bon Goût.

CAMPO VACINO.

Peint fur cuivre, haut d'un pied cinp pouces, large de deux pieds un pouce.

Repréfentation du marché qui fe tient à Rome dans une Place de ce nom, où l'on reconnoit les trois colonnes & les fabriques qui y font.

LES BERGERS.

Peint fur cuivre, haut d'un pied & demi-pouce, large d'un pied quatre pouces & demi.

Paifage qui repréfente des troupeaux dans diférens lointains, & des Bergers & Bergeres fur le devant.

HIPPOLYTE SCARSELLIN.

IL eut pour Pere & pour Maître Sigifmond Scarfella, excellent Deffinateur, & bon Architecte. Après lui avoir enfeigné les Principes de la Peinture, il l'envoia à Venife & à Bologne, d'où étant revenu à Ferrare fa Patrie, il fit des Ouvrages qui furent fort eftimés. Il mourut en 1620.

LES PELERINS D'EMAUS.

S. Luc ch. 24. v. 13. & fuiv.

Peint fur toile, haut de deux pieds deux pouces, large d'un pied dix pouces.
Fig. d'environ quinze pouces.

La Scene du Tableau eft une fale où il y a une fenêtre ouverte qui laiffe voir un Paifage. Notre Seigneur eft à table avec fes deux Difciples, un homme qui paroît l'Hôtelier eft derriere à droit, au-deffus il y a un effui-main tournant,

La Reine de Suede.

I iiij

la table eft couverte d'une nape &
au pied eft une cuvette.

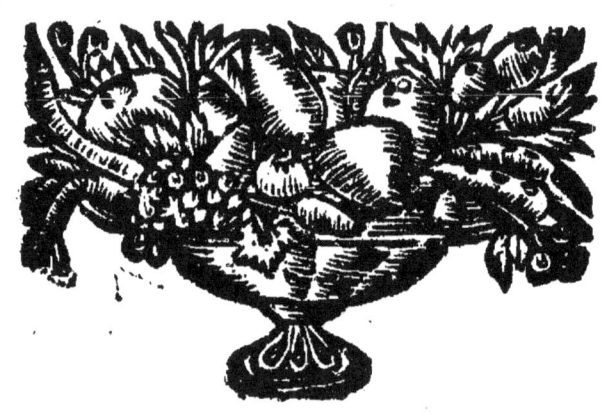

HORACE GENTILESCHI.

CE Peintre qui étoit de Pise peignoit avec beaucoup de facilité. Il alla à Rome en 1621. après à Turin, en France où il resta deux ans, & en Angleterre. Le Roy Charles I. lui fit une pension de cinq cens livres sterling, & il mourut à Londres âgé de quarante-huit ans, laissant une fille apelée Artemise qui a eu de la réputation pour le Portrait.

VENUS QUI SE MIRE ET MARS.

Fig. de grandeur naturelle.

La Déesse de la beauté n'aiant qu'un linge qui lui cache le haut des cuisses, est couchée de côte sur un lit de repos, en sorte qu'on ne lui voit la tête que parce qu'elle la tourne. Elle reléve un bout d'étofe qui couvre un miroir que lui tient un Amour,

I v

& l'on y voit fon vifage avec une partie de fa gorge. Mars eft affis au haut du lit, regardant l'Amour qui tient fon brandon alumé. Il y a aux pieds de ce Dieu un tambour & deux trompetes avec un cafque orné de plumes blanches. Le fond du Tableau eft un Paifage.

UN HOMME AVEC UN CHAT.

Peint fur toile, haut de trois pieds cinq pouces, large de cinq pieds.
Fig. de grandeur naturelle.

La Reine de Suede. Il eft à moitié couché le coude gauche apuié fur le traverfin, en forte que le dos paroît, quoiqu'on lui voie le vifage, parce qu'il tourne la tête du côté droit. Les draps du lit font tous défaits & l'un des bouts fert à lui couvrir le haut des cuiffes; il a fur lui un chat noir & blanc qu'il careffe. Les rideaux du lit qui font verts avec le doffier qui eft blanc, compofent le fond du Tableau.

JACQUES CAVEDON.

IL étoit fils d'un Epicier de Saſſo-
lo , & alla à Boulogne où il fré-
quenta l'Ecole des Carraches. S'é-
tant rendu habile dans le Deſſin il ſe
mit à peindre & aquit une exécution ſi prompte, uſant de peu de
couleurs, que le Guide qui vouloit l'aprendre, le mena à Rome
avec lui. Cavedon revint par Veniſe & y fut charmé des Ouvrages du
Titien. Etant de retour à Bologne
il fit des Ouvrages qui tenoient du
Titien & des Carraches, mais la
fin répondit mal à de ſi beaux com-
mencemens. Son eſprit s'étant afoi-
bli ſoit par maladie, ſoit par acci-
dent il devint incapable de rien
produire, il parvint à une grande
vieilleſſe & mourut ſubitement
dans les ruës en 1660.

LA VIERGE ET L'ENFANT JESUS
AVEC
SAINT ETIENNE ET SAINT AMBROISE.

Peint fur toile, haut d'un pied deux pouces, large de onze pouces & demi.

La Vierge affife donne à teter à l'Enfant Jefus. A droit on voit S. Etienne qui tient une Palme & à gauche St Ambroife en mitre & en chape. Au-deffous il y a une Sainte à genoux qui tient une Croix, & aux pieds de la Vierge un enfant qui montre J. C.

UNE JUNON QUI PLAFONNE.

Peint fur toile, haut de deux pieds dix pouces, large de deux pieds quatre pouces. Fig. de grandeur naturelle.

M. le Curé de S. Sulpice. Cette Déeffe a une draperie rouge & paroît dormir.

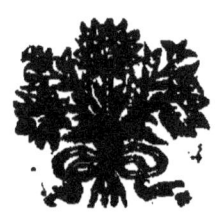

JACQUES JORDANS.

CE Peintre qui a vécu quatre-vingt-quatre ans, a été infa-tigable pendant le cours d'une si longue vie; en sorte qu'il n'est pas exprimable la quantité d'Ouvrages sortis de ses mains. Il étoit d'An-vers & s'atacha à Adam van Ort, fréquentant néanmoins chez les autres Peintres d'Anvers, & s'apli-quant à l'Etude de la Nature, ce qui le mit en état de se faire une Maniére particuliére qui étoit for-te, vraie & suave, & de se rendre un des plus habiles Peintres des Pais-Bas. Son mariage, étant fort jeune, avec la fille de son Maître, ne lui aiant pas permis d'aller en Italie, il n'en avoit pas moins des-time pour les grands Peintres de ce Pais-là; ce que témoignoient l'ar-deur & la perfection avec lesquelles il copioit leurs Ouvrag es, partiu-

liérement ceux du Titien, Paul
Véronefe, le Caravage & le Baffan.
S'il eft inférieur à Rubens par le
Génie & l'Invention, il l'égale par
la verité des expreffions & l'intelligence du Coloris. Il réuffiffoit aux
grands Tableaux, la Ville d'Anvers & toute la Flandre font rem-
plies de fes Ouvrages, & il en a
fait auffi de confidérables pour les
Rois de Suede & de Dannemark.
Il mourut en 1678.

UN HOMME ARME'.

Peint fur bois, haut de trois pieds huit pouces, large de trois pieds.
Fig. de grandeur naturelle.

Mylord
Melfort.

Il eft jufqu'aux genoux armé de
toutes piéces, tenant un Bâton de
Commandant, & aiant le bras
gauche apuié fur un Page. Un jeune homme qui eft à côté de lui
porte fon cafque. Le fond du Tableau eft brun.

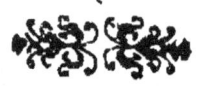

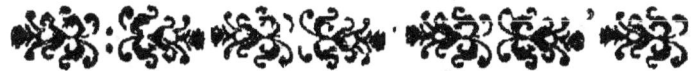

JACQUES PALME,
DIT
LE VIEUX PALME.

LE Titien n'a point eu de Disciple qui ait plus aproché de sa Maniere : aussi fut-il choisi pour finir une Descente de Croix que la mort avoit empêché son Maître d'achever. Ce qui pourroit le faire placer plûtôt dans l'Ecole Vénitienne que dans celle de Lombardie où il étoit né à Serinalta dans le Territoire de Bergame.

Il avoit un assez bon Goût de Dessin, un Coloris doux & ses Figures ont de beaux airs de Têtes. Son Tableau de Sainte Barbe est le plus estimé de ceux qu'il a faits à Venise.

Il mourut à quarante-huit ans, âge trop peu avancé pour le faire surnommer le vieux Palme, s'il n'avoit pas eu un Neveu aussi Peintre & Difciple du Titien, qui fe nommoit Jacques comme lui & qu'on apele le jeune Palme.

VENUS COUCHE'E.

Peint fur toile, haut de trois pieds fept pouces & demi large de fix pieds cinq pouces.
Fig. de grandeur naturelle.

La Reine de Suede. Elle reçoit une fleche de l'Amour. Le fond du Tableau eft un Paifage où il paroît dans le lointain une Ville fur une hauteur.

SAINTE CATHERINE.

Peint fur toile, haut de trois pieds un pouce, large de deux pieds trois pouces.
Fig. demi nature.

Elle eft prefqu'à mi-corps, a une robe blanche & par-deffus une draperie pourpre ; elle tient une palme de la main droite, & l'autre eft fur fa poitrine. Elle a une couronne radiale de Reine Le fond eft brun.

UNE SAINTE FAMILLE.

Peint fur bois, haut d'un pied onze pouces,
large de deux pieds dix pouces & demi.
Fig. demi-nature.

La Vierge tenant l'Enfant Jefus *Le Prin-*
qui fe panche vers S. Jofeph qui *ce de Con-*
l'adore. Saint Jean en âge d'hom- *di.*
me avec fa peau de chameau & fon
agneau fur lequel il a la main pofée, eft affis à côté & regarde l'Enfant Jefus. Le fond du Tableau eft
un Paifage.

L'HERODIAS.

Peint fur toile, haut de deux pieds huit pou- *S. Mat*
ces, large de deux pieds cinq pouces. *ch. 14.*
Fig. à mi-corps de grandeur naturelle. *v. 1. &*
fuiv.

Cette barbare Fille tient la tête de *La Reine*
S. Jean-Baptifte dans un Baffin, il y *de Suede*
a une femme derriere elle dont on
ne voit que la tête. Le fond du Tableau eft brun.

UN DOGE DE VENISE.

Peint fur toile, haut de trois pieds fix pouces, large de deux pieds onze pouces.
Fig. jufqu'aux genoux de grandeur naturelle.

La Reine   Il eft affis dans un fauteuil tenant
de Suede. fes gans de la main gauche. Le
fond du Tableau eft un rideau rouge avec un peu de brun à gauche.

UN PORTRAIT.

Peint fur bols, haut de deux pieds trois pouces, large d'un pied huit pouces.
Fig. de grandeur naturelle.

Il repréfente une jeune fille qui
paroît s'habiller. Elle a de longs
cheveux blonds qui tombent en
partie pardevant, & eft fort décol-
tée. Sa chemife eft très-pliffée, &
fendue fur l'épaule droite. Elle a
par-deffus une efpéce de corps de
robe qui n'eft point lacé, enforte
que de fa main gauche elle femble foutenir fa robe, aiant l'autre
apuiée fur une table que couvre

fa draperie qui ne laiſſe voir qu'un bout de tapis jaune. Elle a une bague au prémier article du doigt du milieu. Le fond du Tableau eſt brun.

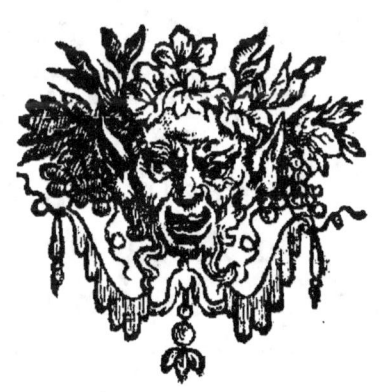

JACQUES DU PONT.

UN Peintre médiocre apelé François du Pont fut Pere de Jacques. Charmé de la fituation de *Baffano* fur la Riente, il avoit quité Vicence pour s'y établir, & c'eft de ce lieu que fon Fils & fes Petits-fils ont été furnommés Baffan. Il fit aprendre à Jacques les Lettres Humaines, & lui donna les prémieres Inftructions de la Peinture. Enfuite il l'envoia à Venife où il étudia d'après les Ouvrages du Titien & du Parméfan. Revenu au bout de quelque temps dans fa Patrie, il fe fit une Maniere propre aiant toujours la Nature devant les yeux. Son Deffin eft correct dans fon Genre, fon Pinceau eft ferme & pâteux, fes Couleurs Locales ne changent point, fes Carnations font vraies, fon Paifage eft d'un très-bon Goût & plaît par le choix.

Il a bien traité les Sujets champêtres & perfonne n'a peint les Animaux avec plus d'art & de préci-
fion. Il laiffa quatre Fils qui ne furent prefque que fes Copiftes.

PORTRAIT A MI-CORPS.

Peint fur toile, haut de deux pieds, huit pouces, large de deux pieds fix pouces.
Fig. de grandeur naturelle.

C'eft un Vieillard à mi-corps vêtu de noir avec un petit colet aiant
la main droite ouverte, & tenant
de la gauche un mouchoir. Le fond
eft brun repréfentant à droit un
bout de colonne avec fa bafe. A
gauche on voit un fablier.

SAINT JEROSME.

Peint fur toile, haut d'un pied onze pouces,
large d'un pied fept pouces.
Fig. de dix-huit pouces.

Il eft affis le corps panché, regardant un Crucifix qui eft devant lui,
avec une tête de mort & un livre
ouvert. Le fond eft un Paifage.

La Reine
de Suede

CIRCONCISION DE N. S.

Peint fur toile, haut d'un pied fix pouces,
large d'un pied neuf pouces.
Fig. de neuf pouces.

L'Enfant Jefus eft fur l'Autel, le
Grand-Prêtre eft à côté, avec une
efpéce de Clerc qui a le dos tourné & tient un flambeau, vis-à-vis
du Grand-Prêtre eft la Vierge à
genoux & S. Jofeph proche d'elle,
derriere eux eft une femme qui regarde. Au bas des marches de l'Autel on voit une autre femme qui
tient un enfant & derriere un Oife-
leur avec fa cage, acompagné d'u-
ne vieille. A droit il y a un Eftropié, & tout en bas fur le prémier
dégré qui monte à l'Autel un chien
qui dort. Le Temple fert de fond
au Tableau.

LE PORTRAIT DE CE PEINTRE.

Peint fur toile, haut de trois pieds, large de
deux pieds cinq pouces.

Il eft à **mi-corps** de grandeur

naturelle avec une main, aiant un pourpoint à colet ouvert. C'eſt une Tête de vieillard. Le fond eſt brun.

LE PORTRAIT DE SA FEMME.

Peint ſur toile, haut de ſept pied, large de deux pieds cinq pouces.

Elle eſt de même à mi corps de grandeur naturelle, aſſiſe tenant un livre. Elle a un mouchoir quarré en façon de colerete. C'eſt une tête de vieille. Le fond eſt de même.

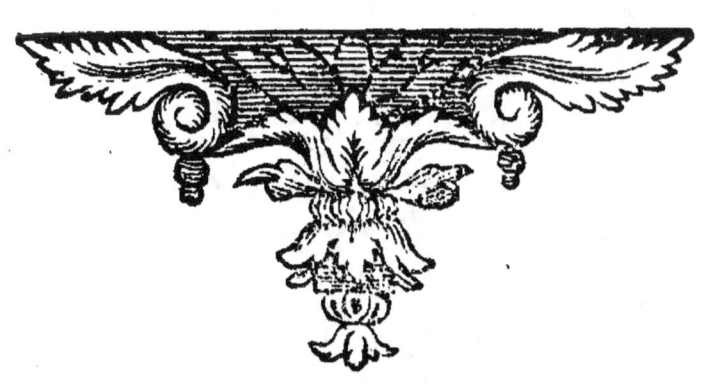

JACQUES ROBUSTI.

VEnife n'a point produit de Peintre d'un Génie plus fé-cond & plus facile. La profeffion de fon Pere qui étoit Teinturier, le fit furnommer le Tintoret, & il eft plus connu fous ce nom que fous celui de Robufti. Il vint au monde en 1512. Dans fon enfance il barbouilloit des Deffins fur les mu-railles avec du charbon & des cou-leurs à teindre. Ce qui fit que fes Parens l'abandonnérent à fon pan-chant. Il fe fit une loi de s'atacher à Michel Ange pour le Deffin, & au Titien pour le Coloris; enforte que fa Maniere tient de ces deux grands Maîtres. La vivacité de fon imagination ne lui a pas toujours permis d'être correct; fes Atitudes font forcées, hors celles des fem-mes qui font affez gracieufes. Ses Têtes font deffinées d'un grand Goût.

Goût. Ses Couleurs locales sont bonnes, & son Pinceau est ferme & vigoureux. Il a fait beaucoup de Tableaux d'une grande Composition, & quantité de Portraits dont les meilleurs aprochent fort de ceux du Titien. Il mourut à Venise en 1594. âgé de quatre-vingt-deux ans. Il eut une Fille nommée Marietta Tintorella à qui il montra à peindre, & qui réussissoit fort bien au Portrait. Elle avoit trente ans, lorsqu'il la perdit en 1590.

HENRI III.

Peint sur toile, haut de trois pieds six pouces,
large de trois pieds un pouce.
Fig. de grandeur naturelle.

Ce Prince est jusqu'aux genoux. Il a un pourpoint de bufle, avec des manches d'étofe qui sont galonées, & un manteau noir fort ample. Une petite fraise déborde par-dessus le collet du bufle, & il a une toque avec une plume blanche. Le fond du Tableau est brun. On lit au

K

haut à droit en lettres capitales : ÆTATIS SUÆ 25.

UN PORTRAIT.

Peint fur toile, haut de trois pieds fix pouces, large de deux pieds un pouce.

C'eft un homme qui a une robe noire avec une fraife découpée. Il tient fes gans de la main droite, & a la gauche apuiée fur un prié-Dieu qui eft devant lui. Il y a fur ce prié-Dieu un Crucifix, & un petit écriteau où l'on lit ANNO M. DL. XXX. VIIII. Un rideau rouge forme une partie du fond dont le refte eft brun.

UNE PRESENTATION AU TEMPLE.

Efquiffe fur toile, haut d'un pied, large d'un pied cinq pouces.
Fig. d'environ huit pouces.

La Perfpeďive interieure du Temple fait le fond du Tableau. A gauche près d'une table eft le Grand-Prêtre avec des Levites qui tiennent des flambeaux. La Vierge lui préfente l'Enfant Jefus. Derriere elle, on voit un homme & une femme, & fur le devant un autre homme affis fur les marches de l'eftrade de la table.

LA CONVICTION DE S. THOMAS. S. Jean ch. xx. v. 17,

Efquiffe fur toile, haut d'un pied fix pouces, large de dix pouces.
Fig. dans la proportion de dix pouces.

La Scene du Tableau eft une fale qui en fait auffi le fond. N. S. tenant fon drapeau, eft dans le milieu comme fur une eftrade, entouré de fes Apôtres. Il fait metre à S. Thomas le doigt dans la plaie de fon côté. Au bas de l'eftrade à droit & à gauhe on voit deux Dominicains à genoux, l'un eft en contemplation, & l'autre tient une palme.

UN CONSISTOIRE.

Peint fur toile, haut d'un pied, large de deux pieds fix pouces.
Fig. dans la proportion de fix pouces.

La Scene du Tableau repréfente M. de Ganieres.

K ij

la fale du Confiftoire. Le Pape eft
dans fon trône en habits Pontifi-
caux , aiant une robe d'écarlate
fous fon aube ; (ce qui montre que
c'eft avant Pie V.) & les Cardinaux
font affis à droit & à gauche. Le
S. Pere donne audience aux Domi-
niquains qui font à genoux , & qui
ont à leur tête un vieux Pere qui
lui préfente un livre. On voit à chaque bout des Gardes.

UNE DESCENTE DE CROIX.

Peint fur toile , haut de fix pieds trois pouces , large de quatre pieds fept pouces.
Fig. dans la proportion de petite nature.

De Madrid. Notre Seigneur eft porté par quatre hommes , précédés de deux
femmes qui tiennent des flambeaux. La Vierge pâmée eft couchée fur le devant. Une femme lui
foutient la tête , & une autre eft à
fes pieds. Un Paifage fait le fond du
Tableau. Au haut à gauche on voit
dans le lointain le Calvaire , avec
les trois Croix dont les traverfes ne

paroiſſent pas (l'échelle eſt reſtée à celle du milieu) & pluſieurs per-ſonnes qui marchent dans un che-min creux qui y conduit, dont les deux prémieres ne ſont vues que par le dos. Un Ange terminoit ce Tableau ; mais cette partie a été coupée.

LE TITIEN ET L'ARETIN.

Ce ſont deux Portraits dans des bordures ovales, peints ſur bois; On les a mis en regard.

Mon-ſieur.

LES DUCS DE FERRARE.

Peint à guazze ſur toïle, haut de ſix pieds neuf pouces, large de cinq pieds neuf pouces. Fig. de grandeur naturelle.

Ce Tableau repréſente le Duc de Ferrare avec ſon Fils. Ils ſont l'un à côté de l'autre à moitié à genoux de face ſur deux prié-Dieu cou-verts de tapis ouvragés. Le Duc lit dans ſes Heures, derriere lui eſt un petit Page, vétu de gris qui a un Chapelet au bras droit ; le Prince

La Reine de Suede

K iij

tient de la main gauche fa toque, avec fes Heures fermées, aiant un doigt dans les feuillets; fon Gouverneur eft un peu derriere ; les Princes font habillés de noir, mais diféremment. Deux niches qui ont chacune un fronton foutenu fur deux colonnes Corinthiennes rempliffent le fond du Tableau.

L'ALAITEMENT D'HERCULE.

Peint fur toile, haut de quatre pieds huit pouces , large de cinq pieds un pouce.
Fig. de grande nature.

M. de
'gnelay

Junon nue fur un lit, aiant feulement un linge qui lui couvre le haut de la cuiffe droite, dort une jambe perdue dans les draps , & l'autre hors du lit apuiée fur une nuée. Un Amour eft à côté d'elle étendant les aîles ; un autre eft à fes pieds qui la regarde, tenant un arc; & tout proche font deux paons. Jupiter avec fon aigle paroiffant venir du haut de l'Olympe, acompagné d'un Amour, tient Hercule

qu'il aproche du fein de Junon. Le
fond du Tableau eft un Ciel.

UNE LEDA.

Peint fur toile, haut de cinq pieds un pouce, large de fix pieds neuf pouces.
Fig. de grande nature.

Elle eft nue & couchée fous un
pavillon pourpre, le bras gauche
apuié fur le traverfin, étendant le
droit vers le Cygne qui s'aproche
d'elle. Il y a proche du lit un petit
chien blanc. A gauche eft une femme qui paroît vouloir lever le deffus d'une cage à volaille, où eft en
bas un canard qui veut béqueter un
chat qui eft proche. Le fond repré-
fonte une chambre.

*Le Cardi-
nal Ma-
zarin.*

K iiij

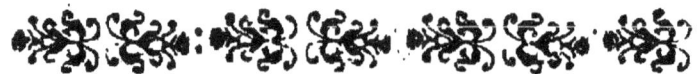

JEAN FRANCOIS BARBIERI.

LE malheur qu'eut ce Peintre de perdre un œil en nourice d'une peur qu'il eut, lui fit donner le nom de *Guerchin* qui lui eſt demeuré, & ſous lequel il eſt connu. Il naquit en 1597. à Cento, Bourg éloigné de vingt milles de Bologne. La Nature lui inſpira dès l'enfance un grand amour pour la Peinture : ce qui porta ſon Pere à le metre chez diférents Peintres qu'il connoiſſoit, mais qui étoient peu habiles. Le Guerchin les aiant quités, alla étudier ſous les Carraches. Il voulut dans la ſuite ſe former une Maniere de deſſiner, & comme celle du Caravage lui plut, il chercha à s'en aprocher. Son Génie étoit facile, ſans élevation, ni fineſſe de penſées. Il avoit peu d'Elégance, & a mis rarement de la Nobleſſe & de l'Expreſſion dans ſes

Figures. Il tiroit ſes Lumieres de fort haut ; cependant ſon grand Goût de Deſſin, l'union de ſes Couleurs cauſée par l'uniformité de ſes Ombres rouſſes ; la moleſſe de ſon Pinceau & un certain caractére de verité ſoutiendront toujours ſes Tableaux. Il mourut en 1667. plus eſtimé encore par la pureté de ſes mœurs que par ſon habileté.

LA PRESENTATION DE N. S. AU TEMPLE. S. Luc. chap. 2. v. 21.

Peint ſur cuivre , haut de deux pied trois pouces , large de deux pieds.
Fig. au-deſſous de demi-nature.

La Vierge eſt à genoux, S. Joſeph eſt à côté un genou en terre tenant l'Enfant Jeſus , à qui le Grand-Prêtre qui eſt dans l'enceinte de l'Autel , tend les bras. Un jeune garçon eſt à côté qui tient un livre ouvert. On voit derriere la Vierge , un homme & une femme avec un enfant ; à droit au bas des marches qui montent à l'Autel, il y a une femme baiſſée , *L'Abbé deCamps.*

K v

la tête entiérement tournée, qui tient deux tourterelles. Le fond du Tableau repréfente le Temple avec du Paifage.

UNE VIERGE

Fig. de grandeur naturelle.

Elle joint les mains, & paroît fort affligée. Elle a une cornete, & par-deffus un voile d'un bleu foncé. Le fond du Tableau eft brun.

UN CHRIST.

Fig. de grandeur naturelle.

Il a les mains liées, eft couronné d'épines, tient un rofeau, & a un manteau d'écarlate. Le fond du Tableau eft brun.

Liv, des Rois ch. XXV. V. 3.

DAVID ET ABIGAIL.

Peint fur toile, haut de cinq pieds cinq pouces, large d'onze pieds deux pouces.
Fig. de grandeur naturelle.

Le Cardinal Mazarin.

Ce Roi en habit militaire, le cafque en tête avec une chlamyde d'écarlate qu'il releve de la main gauche qu'il a fur le côté, & tenant de la droite une canne fur laquelle il s'apuie, eſt fur le devant entouré de ſes Gardes. Il paroît touché de la poſture humiliée d'Abigail qui eſt á genoux à droit. Elle a une robe pourpre & un manteau bleu doublé de jaune. On voit derriere elle une fille, deux petits garçons avec quantité de gens, & un âne chargé de vivres. La douleur & l'efroi ſont peints fur le viſage d'Abigail, qui montre à David les rafraichiſſemens qu'elle lui aporte. Un Paiſage avec fabrique fait le fond du Tableau, & repréſente à gauche une roche couverte d'arbriſſeaux.

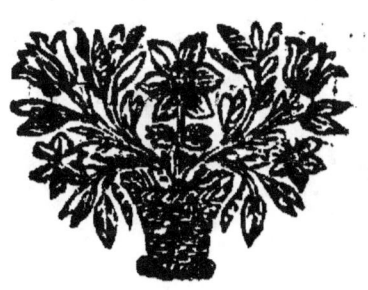

JEAN BELLIN

JAques Bellin Peintre Vénitien, eut deux Fils auſſi Peintres Gentil & Jean, & il fut leur Maître. On ne peignoit alors qu'en détrempe, parce qu'on n'avoit point la pratique de l'huile. Jean de Bruges en fut l'Inventeur, & Antoine de Meſſine l'aporta en Italie. Jean Bellin aiant ſçu ce ſecret; en embellit ſa Maniere. Son Génie de Deſſin eſt mauvais, ſon Coloris eſt ſec; ſes Atitudes ne ſont pas d'un bon choix; mais ſes airs de Têtes ſont aſſez nobles. Il eſt le prémier qui a connu l'harmonie des couleurs, dont la vivacité faiſoit avant lui le plus grand mérite des Peintres Venitiens. Il mourut en 1512. âgé de quatre-vingt-dix ans.

CIRCONCISION DE NOTRE SEIGNEUR.

Peint fur bois, haut de deux pieds cinq pouces, large de trois pieds deux pouces.
Fig. au-deſſus de demi-nature.

L'Enfant Jeſus eſt aſſis ſur un *Le Duc de*
un couſſin , & eſt ſoutenu par la *Gram-*
Vierge ; le Grand-Prêtre dont un *mont.*
artiſan reléve un côté de la chape,
le circonçit. S. Joſeph eſt à gauche
de la Vierge , & à droit on voit
une femme avec un voile jaune
noué autour de ſon cou. Les Figures, à l'exception du Petit Jeſus,
ſont un peu plus qu'à mi-corps. Le
fond du Tableau eſt noir. Sur le tapis de la table du Grand-Prêtre eſt
écrit en lettres capitales : JOANNES
BELLINUS.

UNE ADORATION DES ROIS.

Peint ſur bois, haut de trois pieds, neuf pouces, large de deux pieds cinq pouces.
Fig. d'environ deux pieds.

La Vierge vetue de rouge avec
un grand manteau bleu , eſt aſſiſe

fous un portique ruïné, tenant l'Enfant Jefus fur fes genoux, & S. Jofeph eft à côté d'elle. Un des trois Rois qui a les cheveux blancs & eft habillé d'écarlate, eft à genoux devant J. C. les mains jointes. Les deux autres Rois, dont l'un eft roux, & l'autre fort bafané, font derriere celui qui adore N. S. & tiennent chacun un vafe précieux de diférente forme. Il n'y a que le dernier qui foit couvert, & il eft à remarquer qu'il a une dague à droit. A quelque diftance on voit quatre hommes en pied, qui font a paremment leurs Oficiers, & dans le lointain paroît leur Suite, compofée d'un grand nombre d'hommes à cheval qui fortent d'un chemin creux. Le fond du Tableau eft un Paifage.

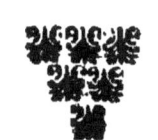

JEAN LAURENT BERNIN.

IL étoit Florentin, Fils & Eléve de Pierre Bernin, Peintre & Sculpteur. Jean Laurent fut de plus Architecte & très-habile dans ces trois Arts. Urbain VIII. l'honora du titre de Chevalier, ce qui l'a fait surnommer *le Cavalier Bernin.* Il mourut à Rome âgé de quatre-vingt-deux ans, en 1640.

LE PORTRAIT D'UN RELIGIEUX.

Peint sur toile, haut d'un pied quatre pouces, large d'un pied demi-pouce.
Fig. de grandeur naturelle.

Le fond du Tableau est brun.

UN ETUDIANT.

Peint sur toile, haut de deux pieds quatre pouces, large d'un pied sept pouces.
Fig. de grandeur naturelle.

C'est un jeune homme avec une simple draperie rouge, aiant l'épaule

gauche nue. Il eft dans une atitude
de méditation, le corps panché, la
main gauche fous le menton, & le
coude apuié fur un carreau où l'on
voit un grand livre qu'il reléve de
la main droite, & qui paroît fort
l'atacher. Le fond eft brun.

JEAN BREUGLE.

IL étoit Fils de Pierre Breugle &
fut son Eléve. Il a peint en petit
des Histoires , des Paisages , des
Animaux , & faisoit fort bien des
Fleurs. Il mourut à Anvers en
1642.

LA TRANSMIGRATION DE BABILONE.

Peint sur bois , haut d'un pied six pouces , large de deux pieds cinq pouces.

Paisage où l'on voit une tour
très-haute, bâtie sur une roche avec
une multitude inombrable d'hommes , de femmes & d'enfans sur diférens plans. A gauche est une
montagne fort élévée couverte
d'arbres.

LES PASSAGERS.

Peint fur toile , haut d'onze pouces , large
d'un pied trois pouces.

Paifage avec des fabriques , qui
repréfente un trajet de mer où l'on
voit plufieurs barques à voile, &
entre lefquelles il y en a une remplie de Paffagers.

LE CHARIOT.

Peint fur bois , & rond de huit pouces de
diamétre.

Paifage où l'on voit fur le devant un chariot de Hollande, dont
le Cocher eft habillé de rouge.

MARINE AUX FILETS.

Peint fur bois , haut de cinq pouces & demi,
large de fept pouces.

On voit fur le devant une barque marchande & des filets. Il y a
à droit une terraffe avec une efpéce
de rotonde ruinée.

MARINE AUX POISSONS.

*Peint sur bois, haut de cinq pouces & demi,
large de sept pouces.*

Il y a sur le devant des Pêcheurs avec des poissons , & à gauche une terrasse , sur laquelle on voit une tour fort élévée , & d'autres fabriques.

JEAN BENEDETTE CASTIGLIONE.

CE Peintre étoit Génois, & a été fucceffivement Difciple de Paggi , de Ferrari & de van Dyck. Il avoit un affez bon Goût de Deffin & de Couleur , & a peint l'Hiftoire, le Paifage & le Portrait. Il a travaillé à Rome , à Venife, à Naples , à Parme & à Mantoue où il eft mort.

LE PORTRAIT D'UNE FEMME.

Peint fur toile, haut de deux pieds deux pouces , large d'un pied neuf pouces.

Elle a une coëfure bizarre, ornée de plumes blanches.

JEAN HOLBEIN.

BAſle en Suiſſe a donné la naiſſance à Jean Holbein. Son Pere, Peintre aſſez habile lui enſeigna
les Principes de ſon Art, mais l'é-
levation de ſon Génie le mit bien-
tôt au-deſſus de ſon Maître, & lui
fit faire dans la ſuite des Ouvrages
d'une grande force & d'un grand
caractere. Eraſme qu'il avoit peint
pluſieurs fois & qui étoit de ſes
amis, l'engagea à quiter la Suiſſe &
à aller en Angleterre. Il y fit des
Tableaux d'Hiſtoire fort eſtimés &
quantité de Portraits admirables.
Frederic Zuccre que le Roy d'Angleterre avoit fait venir, voiant les
Ouvrages d'Holbein dit qu'ils n'é-
toient inférieurs ni à ceux de Raphael, ni à ceux du Titien. Il peignoit également bien à fraiſque,
à guazze, à huile & en miniature
& deſſinoit au craion & à la plume

avec une merveilleuse facilité. Il mourut de la peste à Londres en 1554. à cinquante-six ans.

LE PORTRAIT D'UNE FEMME.

Peint sur bois, haut de trois pieds six pouces, large de deux pieds sept pouces. Fig. de grandeur naturelle.

Son habillement est noir avec un colet rehaussé & ouvert , & des amadis fermées de velours rouge. Elle a une espéce de ceinture d'une chaîne d'or garnie au bout d'un gland de même qu'elle tient de la main gauche aiant la droite apuiée sur le bras d'un fauteuil de bois dans lequel elle est assise. Le fond du Tableau est brun.

THOMAS MORUS,

Peint sur bois, haut de deux pieds quatre pouces, large d'un pied dix pouces. Demi-Figure.

Ce fameux Chancelier d'Angleterre à qui Henri VIII. fit couper la tête en 1535. a un bonnet de Docteur & une robe noire fourée de petit gris à manches courtes qui laiſſent voir celles de ſon pourpoint qui ſont de velours rouge. Il a deſſus ſa robe un colier formé de pluſieurs *S* d'or où pend une roſe de même, & une bague à l'index de la main gauche, & tient une lettre. Le fond du Tableau eſt un pavillon vert.

PORTRAIT DE GEORGES GYSEIN.

Peint ſur bois, haut de trois pieds, large de deux pieds huit pouces
Demi - Figure.

C'eſt un Négociant qui eſt à ſon bureau. Il a une eſpéce de toque, & par-deſſus ſon habit qui eſt rouge, une robe noire à manches pendantes ouvertes d'où ſortent ſes bras. On voit ſur ſa table une fiole avec de l'eau & des fleurs dedans. Le fond du Tableau repréſente un cabinet rempli de tout ce qui ſert à un Négociant, ſur la porte de ſon armoire on lit ce diſtique, *ſine mœrore voluptas*, & au-deſſous G. G*iss* E'.

Il vivoit en 1512. comme il paroît dans une Infcription qui eft au haut du Portrait.

THOMAS CRUMWEL.

Peint fur bois, rond, quatre pouces de
diametre.
Bufte.

Il eft dans une robe fourée de petit gris avec une efpéce de bonnet de Docteur. On lit fon nom à droit dans un petit écriteau.

JEAN

JEAN LANFRANC.

L'Inclination de Lanfranc pour la Peinture perça pour ainsi dire à travers la baſſeſſe de ſon état. Il étoit né à Parme de Parens pauvres qui pour s'en décharger le placerent à Plaiſance chez le Comte Horace Scotti : mais comme il s'amuſoit à charbonner les murailles, aiant même fait un jour une eſpéce de friſe au tour d'une chambre avec du blanc & du noir ; le Comte afin de ne pas laiſſer perdre de ſi grandes diſpoſitions, le mit chez Auguſtin Carrache, après la mort duquel il alla à Rome où il étudia ſous Annibal, & prit ſon Goût de Deſſin, toûjours grand, toûjours ferme ; mais il n'ateignit point à un Coloris auſſi recherché. Il aimoit à peindre à fraiſque dans les lieux ſpacieux, & il a fait des Figures de plus de vingt pieds de haut dans la Cou-

L

pole de Saint André de Laval à Rome. Les Ouvrages du Correge avoient tellement échauffé fa veine qu'il chercha à faire de femblables Productions, s'abandonnant entierement à fes vaftes penfées. A l'égard des paffions, il s'eft contenté d'une expreffion générale. Il mourut à Rome en 1647. âgé de foixante & fix ans.

UN PORTAIT DE FEMME.

Peint fur toile, haut de deux pieds trois pouces, large de deux pieds un pouce.
Fig. de grandeur naturelle.

C'eft une femme prefque à mi-corps, aiant par-deffus fon habit une ample draperie en forme d'écharpe d'une belle étofe. Le fond eft brun.

Matth.
ch. 1.
v. 20,

UNE ANNONCIATION.

Peint fur toile, haut de quatre pieds fept pouces, large de cinq pieds dix pouces.
Fig. de grandeur naturelle.

La Vierge vetue de rouge avec

un grand manteau bleu eſt de face
à genoux, les yeux baiſſés ; ſa ſurpriſe eſt marquée par ſon geſte,
aiant les mains tournées vers ſa
poitrine. L'Ange a une draperie
jaune, il eſt à gauche porté ſur des
nuées, le viſage entiérement om-
bré, & montre à la Vierge une lumiere céleſte qui éclaire le milieu
du haut du Tableau.

UNE CHARITE' ROMAINE.

Peint ſur bois en rond, ſept pouces de diametre.
Fig. dans la proportion de huit pouces.

Une Femme aiant une robe couleur de roſe ſéche avec une draperie verte par-deſſus, aſſiſe ſur des
nuées & vue en plafond, a deux enfans à ſes côtés, & préſente la
mammelle au plus grand. Le fond
du Tableau eſt un Ciel clair.

JEAN ANDRE' DONDUCCI,
DIT
MASTELLETTA.

LA profeſſion de ſon Pere qui étoit Tonnelier lui fit donner ce ſurnom. Il nâquit à Bologne en 1577. & fut d'abord Eléve des Carraches : mais ſon trop grand feu ne lui permettant pas de s'apliquer, l'empêcha d'y reſter. Il ſe mit à peindre de lui-même, ſe propoſant d'imiter le Parmeſan dont il avoit toujours été charmé ; ſans vouloir étudier la Nature, ſe moquant même de ceux qui deſſinoient d'après le nu. Il ſe fit une maniere ſéduiſante, parce que le noir qu'il emploioit plus qu'aucune autre couleur, rempliſſoit ſes Tableaux d'une ombre qui en cachoit les défauts en confondant les Contours, & que les Clairs qu'il répandoit à propos, leur donnoient un éclat

qui frapoit la vue. Cependant s'é-
tant aperçu qu'ils noirciſſoient
trop, il voulut ſur la fin prendre
la Maniere claire du Guide, à quoi
il ne réuſſit pas.

Il lui ariva les dernieres années
de ſa vie un chagrin qui lui afoiblit l'eſprit, enſorte qu'il ſe retira
dans un Couvent où il mourut
fort âgé. Il avoit une extrême pureté de mœurs & une modeſtie ſi
grande, que quand on venoit voir
ſes Tableaux, il ne vouloit point
paroître, ſe cachant derriere la
toile.

LA VISION DE S. FRANÇOIS.

Eſquiſſe du Tableau de la Chapelle du Marquis
Monti à Bologne, ſur cüivre, haute d'un pied
dix pouces large d'un pied trois pouces
& demi.
Fig. dans la proportion de neuf pouces.

La Scene du Tableau eſt une E-
gliſe dont la voute eſt éclairée par
un Gloire où paroît J. C. & la
Vierge avec un groupe d'Anges &
de Chérubins au-deſſus portés ſur

neaux , & le Curé qui le regarde.

LA DANSE.

Peint fur toile, haut d'un pied cinq pouces,
large de deux pieds un pouce.

La Scene eft un Paifage avec fabrique. On voit fur le devant plufieurs Figures dont les deux principales font un homme & une femme
qui fe prennent la main pour danfer.

LES CHASSEURS.

Peint fur toile, haut d'un pied cinq pouces,
large de deux pieds un pouce.

Ce Paifage repréfente fur le devant une Dame vetue de bleu avec
un chapeau tenant un chien en
leffe , & plus loin à droit un abreu-
voir où l'on fait boire des chevaux.

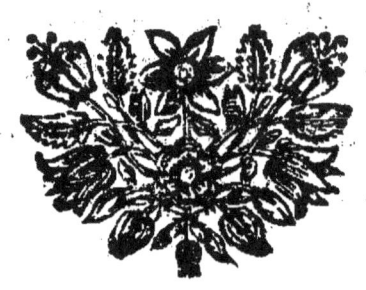

JEAN ANTOINE REGILLO.

IL naquit en 1484. à Pordenon Bourg du Frioul qui eſt devenu depuis ſon ſurnom. Il ariva à un dégré de capacité qui l'a preſque égalé au Titien. Il avoit un Génie vif, ſes penſées étoient élevées, & ſa connoiſſance des Belles-Lettres lui faiſoit aimer les grandes Compoſitions. S'étant fort exercé à deſſiner ſans avoir de Maître, il alla à Veniſe atiré par la réputation du Giorgion dont il devint l'ami; & après s'être formé le Goût ſur les Ouvrages de cet habile Peintre, il s'atacha comme lui à imiter les beaux éfets de la Nature. Sa Veine étoit féconde, & il avoit une Exécution facile. Auſſi a-t-il fait beaucoup d'Ouvrages particuliérement à fraiſque dans pluſieurs Villes d'Italie. Aiant commencé à Veniſe des Deſſins de Tapiſſerie pour Her-

L v

cule d'Este , il reçut ordre de ce
Duc en 1540. de venir les achever à Ferrare , mais à peine y fut-il
arivé qu'il tomba malade & mourut. Charles Quint l'avoit honoré
du Titre de Chevalier.

On raporte qu'il y avoit une telle jalousie entre le Pardenon & le
Titien , que le Pardenon peignant
le Cloître de Saint Estienne de Venise , la crainte d'être insulté par
son Compétiteur, le faisoit travail-
let l'épée au côté avec une ronda-
che auprès de lui , selon l'usage des
Braves de ce tems-là.

JUDITH.

Livre de
Judith.
ch. 13.
v. 11.

Peint sur bois , haut de deux pieds quatre
pouces & demi, large d'un pied onze pouces.
Demi-Fig. de grandeur naturelle.

*M. De la
Chatai-
gneraye.*

Cette Héroine richement habillée , aiant le bras gauche nu ,
tient de la main droite un poignard
& de la gauche la tête d'Holoferne
qu'elle donne à sa servante qui témoigne beaucoup d'étonnement.

Le fond du Tableau est un Paisage
où dans l'éloignement paroît le lever de l'Aurore, pour marquer qu'il
est fort matin.

HERCULE,
ARACHANT UNE CORNE A ACHELOUS.

Peint sur toile, haut de six pieds un pouce,
large de sept pieds un pouce.
Fig. de grande nature.

Ce Héros aiant terrassé l'Amant
de Déjanire transformé en taureau,
lui arache une corne de la main droite, s'apuiant avec la gauche contre
un gros arbre : Sa massue est sur le devant avec sa peau de lion. Le fond
représente un Paisage où l'on voit
à gauche dans le lointain Achelous
changé en Fleuve, & deux Naiades
ses Filles, l'une debout & tournée,
& l'autre assise & baissée qui touche à sa jambe.

S. Jean
ch. 8.
v. 4. &
fuiv.

LA FEMME ADULTERE.

Peint fur toile, haut de trois pieds fept pouces, large de cinq pieds dix pouces.
Fig. de grandeur naturelle, & prefque à mi-
corps.

La Reine
de Suede.
Nôtre Seigneur eft à gauche qui
paroît écouter un homme qui s'a-
vance vers lui, tenant la femme
adultere qui eft liée & fuivie des
Juifs. Le fond repréfente la Perfpective du Temple avec un bout
de Paifage dans le lointain.

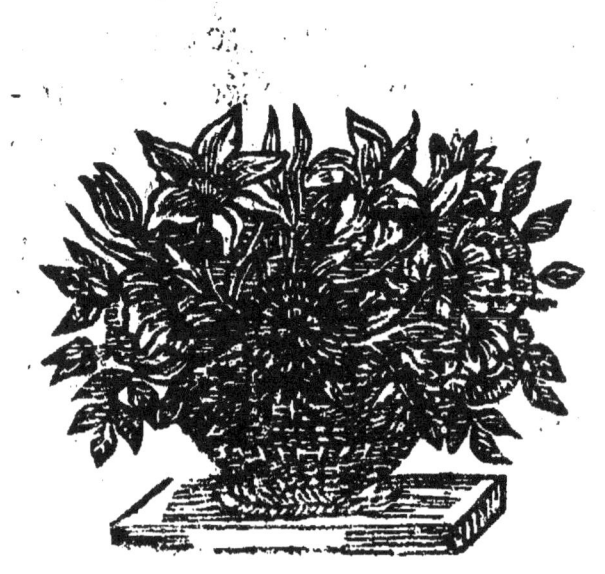

JEAN ROTENHAMER.

IL étoit né à Munich en 1564. Son Pere qui étoit Peintre, lui aiant apris les Principes de sa Profession, il alla en Italie où il forma sa Maniere sur les Ouvrages du Tintoret dont il fut Disciple. Il passa ensuite en Allemagne. Il gagnoit beaucoup, mais comme il dépensoit de même, il mourut fort pauvre. Il inventoit facilement & agréablement, & a peint à fraisque & à huile.

UN CHRIST,

MORT SUR LES GENOUX DE LA VIERGE.

Peint sur cuivre, haut de cinq pouces un quart, large de quatre pouces.

La Vierge vetue de rouge avec une draperie bleue par-dessus, & une Couronne de Sainteté, est assise soutenant sur ses genoux Notre Seigneur qui est à mi-corps. Le fond du Tableau eft brun.

DANAE'.

Peint fur cuivre, haut de fix pouces & demi,
large de cinq pouces & demi.

La Fille du Roy d'Argos eft nue
fur un lit, y aiant à côté un Amour
qui montre Jupiter fortant d'une
nuée qui fe réfout en pluie d'or.
Une Vieille qui n'a qu'un bout de
draperie bleue au milieu du corps
eft à gauche tenant un dévidoir &
un fufeau, fa quenouille eft à terre.
Elle regarde ce Dieu avec étonnement. Le fond du Tableau eft une
chambre.

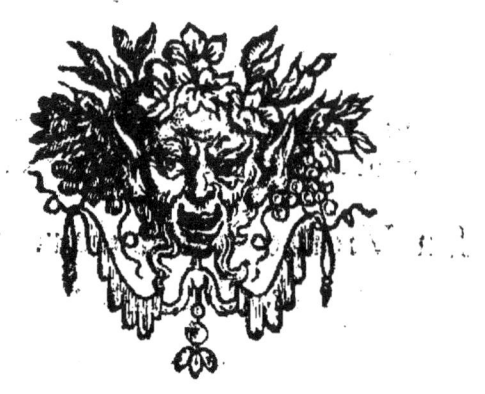

JEAN VAN EYK.

IL étoit de Maſſeyk ſur la Meuſe, ainſi que Hubert ſon Frere aîné dont il fut Eléve, & qu'il égala en peu de tems. Après la mort de ce Frere arivée en 1426. Jean ſe retira à Bruges, ce qui lui donna dans la ſuite le nom de Jean de Bruges. Aiant envoié au Roy de Naples un Tableau peint à huile dont il avoit trouvé l'Invention, Antoine de Meſſine qui le vit en fut ſi émerveillé qu'il vint exprès à Bruges pour engager van Eyk à lui communiquer ce ſecret qui paſſa par ce moien en Italie.

SAINT JACQUES.

Haut de dix pouces & demi, large de trois pouces.

L'ADORATION DES ROIS.

De même hauteur, large de ſept pouces un quart.

SAINT SEBASTIEN.

La même mefure que le prémier.

Ces trois Sujets font repréfentés dans un feul Tableau peint fur bois, qui eft partagé en autant de compartimiens. Celui du milieu fait voir la Vierge affife de face, tenant l'Enfant Jefus fur fes genoux. Un des trois Rois qui a les cheveux tout blancs, & dont le vetement eft rouge, eft à droit à genoux, préfentant un Vafe à l'Enfant Jefus. Les deux autres font à gauche en pied. Le fond eft une fabrique avec un Paifage dans le lointain.

On voit Saint Jacques avec fon bourdon dans le compartiment à gauche, dont le fond eft un Paifage.

Saint Sebaftien tenant un arc & des flechés, remplit le troifiéme à droit.

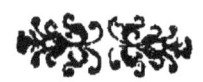

JEROSME MUTIAN.

CE Peintre étoit du Territoire de Bresse d'une noble famille. Le Romanini fut son prémier Maître. Il alla ensuite à Venise & s'atacha aux Ouvrages du Titien. La curiosité l'aiant conduit à Rome, il y dessina beaucoup d'après l'Antique & les plus belles Peintures. Il avoit un grand Goût de Dessin, étoit habile dans l'Histoire & faisoit bien le Paisage. Sa Maniere tenoit quelque chose de la Flamande dans la Touche des arbres dont il acompagnoit les tiges de tout ce qui pouvoit les embélir: Ses arbres favoris étoient les chataigniers.

Il finissoit fort ses Tableaux, avoit un grand Goût de Dessin, & faisoit tout d'après des modeles habillés qu'il avoit coutume de former sur le Naturel. C'est à sa considération que Gregoire XIII. pour qui il avoit beaucoup travaillé, fonda l'Académie de S. Luc. Le Mutian mourut à Rome à foixante & deux ans en 1590.

SAINT JEROSME.

Peint fur toile, haut de trois pieds un pouce, large de deux pieds fix pouces.
Fig. de grandeur naturelle.

Le fond du Tableau eft un Paifage où l'on voit ce Docteur de l'Eglife à genoux, méditant devant un Crucifix.

UNE RESURRECTION DU LAZARE.

Haut d'un pied deux pouces, large de fept pieds fix pouces.
Fig. de grandeur naturelle.

Il n'a qu'un bout de linceul au tour des reins, eft porté par deux hommes, & donne des marques de vie en élevant fon bras gauche. Nôtre Seigneur eft vis-à-vis à droit acompagné de fes Apôtres. Saint Jean eft à côté de lui, & proche de

S. Jean est la Madeleine qui pleure,
& tient un mouchoir. Sainte Mr-
the est presque devant J. C. qu'elle
tire par sa robe. Derriere le Lazare
il y a quelques Spectateurs. Le
fond du Tableau est un Paisage où
l'on voit une roche.

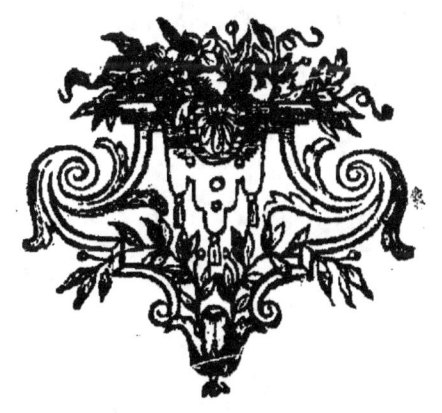

INNOCENT FRANÇUCCI.

IMola lieu de la naiffance de ce Peintre, eft devenue fon furnom fous lequel il eft plus connu que fous celui de fa famille. Il a vécu au commencement du feiziéme fiecle & eft mort âgé de cinquante-fix ans. Il avoit été Eléve de Francia, a beaucoup peint à fraifque & à huile à Bologne & avoit un talent particulier pour contrefaire les Tableaux de Raphael.

UNE NATIVITE'.

Peint fur bois., haut de deux pieds dix pouces, large de cinq pieds trois pouces & demi.

La Scéne eft un Paifage où l'on voit au milieu une efpéce d'apentis ouvert de tous les côtés fous lequel eft la Vierge à genoux contemplant l'Enfant Jefus que deux Bergers adorent : l'un lui préfente un agneau, & l'autre a la main fur un panier. Saint Joseph est à gauche montrant Notre Seigneur à deux autres Bergers dont un tient un chien en lesse. Trois autres sont à droit, celui du milieu porte un veau sur son épaule. Dans le lointain à gauche au haut du Tableau paroît un Ange en l'air qui annonce la naissance du Sauveur aux Bergers. Ils sont sur une éminence dans le lointain avec leurs Troupeaux. Il est à remarquer que le Berger qui a l'agneau, & celui qui est proche de S. Joseph sont vetus de vert, couleur que les Peintres emploient rarement pour les habillemens. On lit dans le coin à droit *Innocentius Franchusius Imolensis faciebat. M D XVIII.*

JOSEPH CESARI.

ARpin Château du Frioul où ce Peintre naquit en 1570. l'a fait apeler par contraction Josepin. Il vint à Rome fort jeune & fut emploié d'abord à aprêter les couleurs des Peintres qui travailloient aux Loges du Vatican pour Grégoire XIII. & en s'exerçant il se fit une pratique de Dessin légere & agréable qui ne tenoit ni de l'Antique ni de la Nature. Sa Maniére de peindre étoit entiérement oposée à celle du Caravage qu'il eut pour Compétiteur. Comme il avoit beaucoup d'esprit & de Génie il s'avança auprès des Papes & des Cardinaux, & se fit une réputation supérieure à son mérite, car on peut dire qu'il n'a fait qu'éfleurer la Peinture, quoiqu'il y ait quelques Ouvrages de lui dignes d'estime. Il mourut en 1640. Louis

XIII. l'honora du Colier de Saint
Michel.

UNE SUSANNE.

Daniel
ch. XIII.
v. 16.

Peint fur cuivre, haut d'un pied fept pouces
& demi, large d'un pied trois pouces.
Fig. dans la proportion de dix-huit pouces.

La Scéne du Tableau eft une efpéce de fale de bain d'une belle Architecture & découverte. La Fontaine eft au bas formée par l'eau
que jete un Mafcaron qui eft à gauche. Au bord de la Fontaine du
côté du jardin qui paroît eftre derriere, eft un mur bas ou apui orné
de bas reliefs, en forte qu'on peut
voir par-deffus ce qui fe paffe
dans la fale du bain. Sufanne eft
affife nue à l'entrée de cette fale
fur un couffin, un bout de draperie
d'étofe raiée paffe par-deffous fa
cuiffe droite, étant prête à entrer
dans le bain. Sa jambe droite eft
avancée & pofe fur une pierre, &
la gauche eft pliée. Elle a de
grands cheveux qu'elle peigne. Les

deux Vieillards que son atitude lui cache, sont apuiés sur le petit mur, paroissant s'entretenir de leur passion. Le haut du Tableau à gauche est un Ciel.

JOSEPH

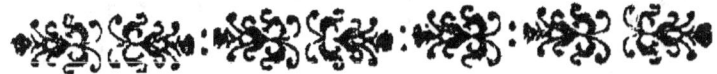

JOSEPH PORTA SURNOMMÉ SALVIATI.

IL étoit de Castel-Nuovo dans la Garsignana, & fut mené jeune à Rome en 1535. par un Oncle qu'il avoit, qui le mit chez François Salviati Peintre de réputation, dont il prit son surnom. Il avoit le Génie fécond, s'est plu à traiter de grands Sujets, &, lorsqu'il eut été à Venise, il se fit une Maniere qui tenoit de la Romaine & de la Vénitienne. Le Pape Pie IV. lui fit peindre dans la Sale Royale du Vatican, l'Histoire de l'Empereur Fréderic I. qui baise le pied au Pape Alexandre III. la Scene étant devant l'Eglise de Saint Marc à Venise en présence des Cardinaux, du Doge & des Sénateurs. Salviati se retira dans cette Ville, s'y maria, & y mourut à environ cinquante ans.

M

L'ENLEVEMENT DES SABINES.

Peint fur toile, haut de cinq pieds, large de
fix pieds fix pouces.
Fig. de grandeur naturelle.

La Scene du Tableau eft une
Fontaine en forme de bafin avec
un bord de pierre qui forme deux
marches en dehors. Plufieurs Sabines s'y baignoient, un Soldat Romain à droit en tire une de force qui a encore une jambe dans
l'eau, & éleve le bras droit pour
demander du fecours : elle a une
draperie blanche au milieu du
corps. Un autre Soldat court après
une feconde qui s'enfuit toute nue,
& l'arête : une troifiéme s'élance
par-deffus le bord pour reprendre
fes habits : une quatriéme qui eft
encore dans la Fontaine, femble
vouloir retenir la prémiere & parler à une cinquiéme qui venoit
aparemment pour fe baigner. Cette derniere richement vêtue, eft

toute feule fur le devant en pied, &
la regarde atentivement. A gauche
on lit en lettres capitales : JOSEPHE
SALVIATI.

JOSEPH RIBERA.

CE Peintre a été furnommé *l'Efpagnolet*, parce qu'il étoit de Valence en Efpagne. Il étudia la Peinture à Parme d'après le Corrége, & en prit auffi la Maniere ; mais fon averfion pour le Dominiquin, fit qu'il s'atacha à celle du Caravage qu'il outra. Il y a beaucoup de Tableaux de lui, & plufieurs font fort eftimés. On ne fçait ni le lieu ni le tems de fa mort.

LE SONGE DU CARAVAGE.

Peint fur toile , haut de trois pieds deux pouces , laige de deux pieds un pouce.
Fig. gigantefque.

C'eft un Philofophe à mi-corps qui a la tête chauve, eft vetu d'une robe jaune, & tient un bâton en forme de bourdon. Le fond eft brun.

NOTRE SEIGNEUR.

AU MILIEU DES DOCTEURS.

Peint fur toile, haut de trois pieds neuf pouces, large de cinq pieds trois pouces.
Fig. de grandeur naturelle.

Jefus vetu d'une robe écarlate,
eft affis dans une chaire, élevant la
main droite. Il y a derriere deux
Juifs & quatre devant, dont trois
marquent par leur diférentes atitudes, les diférentes impreffions
que les paroles de J. C. font fur
eux : le quatriéme qui eft plus fur
le devant, & qui femble par fon
habillement être un Docteur de la
Loi, eft affis le corps baiffé, s'a-
puiant fur une table & aiant les
yeux atachés fur un livre qu'il paroît feuilleter comme pour y trouver ce que le Sauveur dit. Le fond
du tableau eft brun.

SAINT JOSEPH.

Peint fur toile & dans une bordure ovale, haut
de deux pieds un pouce, large d'un pied
dix pouces.

C'eſt une tête de Vieillard de
grandeur naturelle, avec un bout
de main, tenant une tige de fleurs.

DEMOCRITE.

Peint fur toile, haut de deux pieds trois pouces, large d'un pied dix pouces.

C'eſt une tête de face de grandeur naturelle avec les mains. Ce
Philoſophe a une barbe noire fort
épaiſſe; ſon manteau eſt de la même couleur, & il tient de la main
droite un grand compas dont il
poſe une pointe ſur un globe cele-
ſte, comme pour prendre des di-
menſions. Le fond du Tableau eſt
brun.

HE'RACLITE.

*Peint sur toile, haut d'un pied trois pouces,
large d'un pied dix pouces.*

Ce Portrait fait le pendant de celui de Démocrite : il est de trois quarts avec les mains. Les cheveux & la barbe de ce triste Philosophe sont blancs ; son manteau est noir, & laisse voir un bout de manche de toile , & ses mains sont l'une sur l'autre paroissant tenir un livre.

DE'MOCRITE.

*Peint sur toile, haut de neuf pieds un pouce,
large de six pieds un pouce.*

Il est de grandeur naturelle aiant nn haillon de bure grise , & est assis devant une table où il y a un grand livre avec une écritoire & un globe teerrestre , sur lequel il pose la main gauche. Le fond du Tableau représente une fabrique ruinée , & un bout de Ciel.

M iii

HERACLITE

Peint sur toile, haut de neuf pieds un pouce,
large de six pieds un pouce.

Ce Philosophe aiant le même habillement que Démocrite, est en pied, étendant le bras droit comme pour montrer le monde. Le fond du Tableau est un Désert avec une roche à droit & un Ciel couvert. Il fait le regard de l'autre.

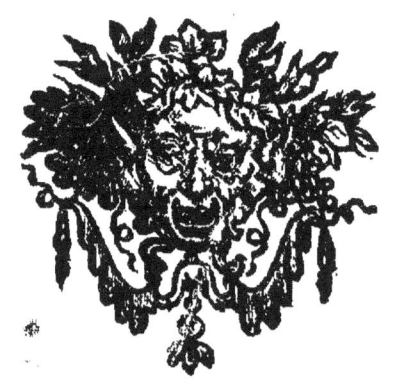

JULES ROMAIN.

ENtre tous les Diſciples de Raphaël , qui pour la plûpart ont
été très-habiles , s'il n'y en a point
eu qu'il ait plus aimé , il n'y en a
point eu auſſi qui ait plus imité ce
grand Maître dans le choix des Sujets , dans la Maniére , dans le Deſſin & dans le Coloris , ni qui ait eu
un Génie plus abondant & plus
univerſel , avec un Goût plus recherché & plus ſur. Tout le monde
ſait que ce fut lui qui acheva l'Hiſtoire de Conſtantin commencée
par Raphaël , qui en avoit fait les
Deſſins. Il eſt vrai qu'après avoir
fini cet Ouvrage , ſa Maniere commença à changer , & le rouge avec
le noir forma ſon Coloris. Il deſſinoit fiéremenr , avoit des Expreſſions terribles ; & comme il poſſe-
doit les Belles-Lettres , la Poëſie
avoit beaucoup de part à ſes Con-

M v

ceptions ; son Ordonnance est peu
commune & de bon goût. Il n'a
pas été seulement un excellent
Peintre , il a été aussi un habile
Architecte. La Ville de Mantoue
où le Marquis de Gonzagues l'atira , lui doit beaucoup. Il y mourut
en 1546. âgé de cinquante-quatre
ans.

LA NOURITURE D'HERCULE.

Peint sur toile haut de trois pied onze pouces, large de deux pieds huit pouces.
Fig. dans la proportion de dix-neuf pouces.

Une Nymphe à genoux donne
à têter à Hercule , qu'elle regarde
avec admiration. Pallas un peu
courbée & s'apuiant sur elle , soutient ce Dieu par le bras gauche.
La Déesse est reconnoissable à son
habit guerrier , à son casque & à
son égide qui est à côté d'elle. Derriere ce groupe on en voit un autre
composé d'un Satire & d'un enfant
avec un bouc. Le Satire a des fruits
dans une peau de bouc atachée à

fon cou, de maniere qu'elle lui couvre le bras gauche, & que paffant deffous il en tient la partie où eft la tête. A côté de ce Satire eft une femme qui embraffe un arbre, & femble repréfenter l'Envie. A droit on voit deux enfans dont l'un fe tient à la branche d'un gros arbre & l'autre y monte. Le fond du Tableau eft un Verger rempli de pampres de vigne & un Ciel.

L'ENFANCE DE JUPITER.

Peint fur bois, haut de trois pieds trois pouces, large de cinq pieds fix pouces.
Fig. dans la proportion de dix-neuf pouces.

Ce Dieu dort couché dans un *L'Abbé de Camps.* berceau couvert d'une tavoiole fort ample. Deux Nymphes dont une eft derriere fa tête, & l'autre à côté du berceau, le regardent dormir, & lui tiennent une gafe qui ne pofe que fur fa jambe droite. La prémiere de ces Nymphes qui n'eft vue que par le dos, tournant la tête enforte que fon vifage paroît,

M vj

est assise sur une draperie bleue qui
descend de son épaule droite, & vient lui couvrir la jambe du même côté; & l'on voit entre ses ge-
noux une grande buire : l'autre
Nymphe a une draperie rouge volante qui passe sur son épaule gauche, aiant une cruche à côté d'elle. Au bout du berceau est une troisiéme Nymphe, dont la draperie
qui est pourpre, lui couvre seulement une partie de la cuisse droite;
elle est assise de côté, se tournant
pour regarder sur une hauteur un
groupe d'hommes & de femmes
qui jouent de divers instrumens, &
représentent les Curétes. Du côté
oposé sont deux Naïades dont une
joue du tambour de basque,& deux
Tritons dont un sonne de la trompe par-dessus l'épaule de l'autre.
Le fond du Tableau est un Païsage
qui représente sur le devant une
prairie fleurie avec de grands arbres, où pendent des ceps de vigne
chargés de raisins; plus loin une

mer tranquile, & au-delà des montagnes.

LA NAISSANCE DE BACCHUS.

Peint fur bois, haut de trois pieds onze pouces, large de deux pieds huit pouces.
Fig. dans la proportion de dix-neuf pouces.

Proferpine à moitié couchée, aiant un linge fort fin au milieu du corps, vient de mettre au monde Bacchus. Une Nymphe vêtue de vert, lui foutient le bras droit. La Fille de Cerès paroît éfraiée de voir Jupiter fur une nuée, armé de fon foudre, menaçant Junon qui eft de l'autre côté, fe mordant le doigt comme pour marquer fon dépit. Au deffous de Proferpine eft Bacchus, foutenu par une Nymphe qui eft à genoux, & par deffous les cuiffes par une Naïade qui a au milieu du corps une draperie verte, & tient une urne renverfée. Elle regarde avec étonnement une autre Naïade qui eft apuiée fur une amphore, & marque de la furprife du gefte de Junon. Des nuées,

des arbres, & un marécage font le
fond du Tableau.

LE BAIN DE VENUS.

Peint fur bois, haut d'un pied onze pouces,
large d'un pied fix pouces.
Fig. d'onze pouces & demi.

Venus fuivie des trois Graces, &
fervie par deux Amours, ôte fa gaze. Le haut du Tableau eft rempli
d'autres Amours dans les nuées
qui répandent des fleurs, & un
d'eux tient une couronne au-deffus
de la tête de la Déeffe. A droit on
voit trois Nymphes nues dont une
regarde la Mere des Amours. A
gauche derriere les Graces eft une
autre Nymphe qui porte une amphore. Le bas du Tableau repréfente une Fontaine.

LES SIX FRISES.

Ce font fix Tableaux de même grandeur ainfi nommés, aparemment à caufe de leur forme. Les Sujets en font tirés de Tite-Live.

Peints fur bois, hauts d'un pied un pouce, larges de quatre pieds fix pouces.

I

L'ENLE'VEMENT DES SABINES.

Il y à droit une groupe d'hommes armés & de femmes, entre lefquelles quelques-unes font emportées par les uns & retenues par les autres. Le milieu du Tableau repréfente un autre groupe où l'on remarque une fille, qui eft aparemment cette belle Sabine qui fut donnée à Talaffius, & un vieillard qui femble par fon gefte lui dire en lui montrant le combat, qu'il faut céder à la force ; enfuite eft la ftatue de Jupiter Feretrius, au pied de laquelle on affomme un

bœuf pour immoler à ce Dieu.
Romulus eft au bout à gauche affis
dans un trône, il y a devant lui un
foldat qui tient un drapeau, & il eft
entouré de gens de guerre avec lefquels eft l'Augure. Un Temple ouvert forme le fond du Tableau de
ce même côté, la place de la Rotonde & d'autres fabriques dansle
lointain l'achevent à droit.

II

LA PAIX ENTRE LES ROMAINS
ET LES SABINS.

A gauche eft une groupe compofé de Soldats & de Femmes. Ta-
tius & Romulus, le prémier vetu
de bleu, avec un manteau Roial
d'écarlate & un cafque, & le fecond vetu de pourpre auffi avec un
pareil manteau Roial, la tête nue
paroiffent fe parler, y aiant une
femme entre eux, que le fondateur
de Rome femble préfenter au Roi
Sabin comme le gage de la Paix.
La Scene eft un veftibule orné

d'Architecture. Le côté du Tableau à droit repréſente le combat entre les deux Partis, que les Sabines tâchent de ſéparer. Le fond du Tableau fait voir dans le lointain la Ville de Rome.

III

CORIOLAN.

Le Peintre a choiſi le moment que Veturia va pour fléchir ſon fils. Ce Romain ſuivi de pluſieurs ſoldats s'avance au devant de ſa mere qui eſt précedée de Volumnia ſa femme & de ſes deux enfans. Ce qui fait une ſituation très atachante. par les diverſes expreſſions de ces Perſonages. Le Héros paroît troublé, ſa Femme eſt ſaiſie & ſa Mere montre une tendreſſe mêlée d'autorité. Ces deux Romaines ſont accompagnées de pluſieurs femmes dont les atitudes humiliées marquent la crainte. Deux Soldats ſont derriere elles à une certaine

distance, & un troisiéme est assis
tout sur le devant, s'apuiant sur
son armure qu'il a ôtée avec son
casque.

IV

LE SIE'GE DE CARTHAGENE.

Cette Ville est assiégée par terre &
par mer. Le plus grand efort se
fait contre une muraille qu'on ata-
que avec le catapulte & qu'on es-
calade. Les Assiégeans paroissent
commandés par trois Généraux,
dont un qui a un turban, est aparemment un Afriquain alié du
peuple Romain. Le fond du Tableau représente une Ville qui se
termine par un port où l'on voit
un Vaisseau dont il ne paroît que
la poupe.

V.

LA VERTU DE SCIPION.

Après la prise de Carthagene,
Scipion âgé seulement de 24. ans
donna un rare exemple de conti-

nence & de générofité. On lui amena une Captive d'une grande naiffance & d'une beauté parfaite. Aiant fçû qu'elle étoit promife à un Seigneur Celtibetien nommé Allucius, il le fit venir avec les parens de la fille, rendit à ceux-ci le prix de fa rançon, & la remit à fon Amant, ne lui demandant pour toute reconnoiffance que d'être ami du peuple Romain.

Scipion eft affis au milieu de fa tente, & tend la main à Allucius fuivi de quantité d'Efclaves qui aportent toutes fortes de préfens pour la rançon de cette illuftre Captive. Elle eft un peu derriere ; il paroît qu'elle a beaucoup pleuré, mais qu'elle eft confolée par l'acuëil que Scipion fait à Allucius. Un Page tient le cafque du Général Romain d'une maniere qui marque que c'eft par civilité qu'il ne l'a pas. Une fentinelle eft à l'entrée de la Tente avec un petit Page qui tient l'epée de Scipion. A l'ex-

tremité opofée du Tableau à gauche eft un jeune homme qui parle
à un foldat, & regarde une femme
affife à terre qui n'eft vuë que par le
dos, & de même côté paroiffent
dans l'éloignement une Ville &
des gens à cheval.

V I.

RECOMPENSES MILITAIRES, DONNE'ES PAR SCIPION.

Ce grand Général habillé de
bleu à la Romaine, avec une draperie jaunâtre, eft à gauche dans
fa tente couronnant deux foldats.
Parmi les Captifs qui les fuivent,
on voit une femme fort afligée,
des efclaves qui portent des vafes
précieux, & un homme avec une
femme à l'entrée d'une prifon. A
quelque diftance à droit, il y a une
tente ornée d'un pavillon pourpre,
dans laquelle eft un jeune homme
gardé par deux Soldats, acompagnés d'un Efclave. Le fond du Tableau repréfente une Ville dans
le lointain.

Un

Dieux a une draperie rouge qui lui couvre la moitié du corps jufqu'aux genoux. Son bras gauche eft étendu & apuié fur fon aigle armé du foudre, & il a le droit paffé derriere le cou de Junon. La Reine de l'Olympe parée de la ceinture de Vénus en écharpe, eft prefque nue, aiant feulement au-deffous des hanches une grande draperie bleue qui lui defcend plus bas que les genoux. Son atitude eft un peu de côté, & elle embraffe Jupiter fans lui toucher, ce Dieu aiant un efpéce de mouchoir qui lui couvre l'épaule & la poitrine. A gauche proche de Junon on voit un arc debout & un dard au-deffus. Le fond du Tableau repréfente un Salon orné de colonnes.

LAMBERT ZUSTRUS.

IL étoit Flamand & fut Eléve de Chriftophe Schowarts, Peintre du Duc de Baviere & de Titien. Il peignoit avec facilité, a traité affez bien l'Hiftoire, & fait le Paifage d'une grande Maniere.

L'ENLEVEMENT DE PROSERPINE.

Peint fur toile, haut de deux pieds, large de trois pieds.
Fig. d'environ un pied.

M.
d'Haute-
feuille.

Ce Tableau repréfente la mer fur le devant. Pluton eft dans fon char, emportant Proferpine qui a pour tout habillement une fimple draperie bleue au milieu du corps, & paroît fort éfraié. Ce char eft un quadrige qui roule fur les ondes; une Nymphe s'élance de l'eau, & court pour l'arêter.

LE'ANDRE BASSAN.

IL étoit le second Fils de Jacques
Bassan ; fut fait Chevalier par
le Doge de Venise qu'il avoit peint,
d'où il a été apelé le Chevalier
Léandre. Il suivit la Maniere de
son Pere, & s'atacha particuliérement aux Portraits. Il mourut à
Vénise en 1623.

L'ARCHE DE NOE'.

Peint sur bois, haut de trois pieds, large de
quatre pieds, trois pouces.

Ce Tableau, conformément à
son sujet, représente des animaux
de toutes les espéces que des hommes & des femmes conduisent vers
l'Arche qui est à droit. Sur le devant à gauche est une vieille femme baissée pour prendre un panier
d'œufs ; tout proche on voit un singe assis sur une chaise de bois, tenant une quenouille : plus haut est

M.
Alosse,

un cheval blanc fellé & bridé à la moderne. Le fond du Tableau eſt un Paiſage.

LE JUGEMENT DERNIER.

Peint ſur bois, haut de deux pieds, large d'un pied ſix pouces.
Fig. dans la proportion de huit pouces.

M. de Berſillac. Le haut du Tableau eſt une gloire compoſée du Pere Eternel, de Jeſus-Chriſt, & du Saint-Eſprit ſous la forme d'une Colombe, tous trois ſur une ſeule ligne perpendiculaire, avec à droit & à gauche une multitude d'Anges qui ſonnent de la trompete. Notre Seigneur eſt en pied, tenant un drapeau blanc où eſt repréſentée une Croix; la Vierge eſt à ſa droite, & Saint Jean-Baptiſte à ſa gauche, tous deux à genoux ; Saint Joſeph reconnoiſſable à ſon lis, eſt en pied derriere la Vierge avec tous les Saints de l'ancien Teſtament, entre leſquels on remarque un Vieillard portant une grande Croix, & à côté

côté un Ange qui tient une épée
& une balance. Derriere Saint Jofeph on voit Saint Pierre & Saint
Paul avec les Apôtres & les prémiers Martirs. Au deffous de la
Trinité on aperçoit dans fes raions
plufieurs Figures comme d'enfans
nus qui élevent les mains vers J. C.
paroiffant repréfenter les ames de
Purgatoire. Enfin la Gloire eft ter-
minée circulairement par les quatre Evangeliftes, par Moyfe & par
David, tous affis, ces derniers ac-
compagnés, le prémier de S. Auguftin qui s'aproche lui parlant, &
le fecond de S. Jerôme à genoux
fur un prié-Dieu qui parle de même à David. Au deffous font rangés à droit des Moines, & à gauche des Papes, un Cardinal, des
Evêques, des Empereurs, des Rois,
des Reines, des Guerriers, & des
Religieufes. Au-deffous à gauche
qui eft à droit par raport au Tableau, paroiffent les Elus que les

N

Anges viennent enlever, & les Ré-
prouvez que les Diables précipi-
tent. Au bas du Tableau on lit en
letres capitales , L E A N D R   A
P O N T I B A S Sⁿ E Q U E S.

LEONARD DE VINCI.

IL n'y a peut-être jamais eu de Peintre qui ait rassemblé un aussi grand nombre de talens. Il étoit fils de Pierre de Vinci d'une noble famille de Toscane, & étoit né avec une disposition égale pour les Sciences & pour les Arts, & sur tout pour la Peinture. Il fut Disciple avec le Perugin d'André Verrochio, & a peint à Florence, à Rome & à Milan. Son Dessin est d'une grande correction & d'un grand Goût, & ses expressions sont très-vives & très-spirituelles. Il y eut toujours entre lui & Michel Ange une grande émulation qui dégénéra en une jalousie excessive, qui fut cause que Léonard de Vinci quita l'Italie, & vint en France, où il reçut les plus grandes marques d'estime de François I. Etant tombé malade, ce Prince l'alla voir,

& il mourut entre fes bras, âgé de foixante & quinze ans.

On a de lui un Livre excellent fur la Peinture.

UNE TESTE DE FEMME.

Peint fur bois, haut d'un pied un pouce, large de dix pouces.
Fig. de petite nature.

M. le Grand. C'eft une femme dont les cheveux font tortillés fur le haut de fa tête, & qui a une petite draperie. Le fond du Tableau eft brun.

UN PORTRAIT.

Peint fur bois, haut d'un pied un pouce, large de dix pouces.
Fig. de petite nature.

C'eft une jeune fille dont la coëfure eft bizare, & qui a une colerete. Le fond du Tableau eft brun.

UN PORTRAIT DE FEMME,

CONNU SOUS LE NOM DE

LA COLOMBINE.

Peint fur bois, haut de deux pieds quatre pouces, large d'un pied dix pouces.
Demi-Figure de grandeur naturelle.

Elle eft jeune & blonde, & fes *Mylord*
cheveux font natés autour de fa tê- *Melfort.*
te, elle a une chemife fort large
feméc de petits entrelas, brodés de
foie jaune avec un rubis qui l'atache, mais de maniere qu'on lui
voit la moitié de la gorge. Elle
tient du jafmin dans fa main
droite. Le fond du Tableau eft
brun, tout rempli de diférentes
fleurs.

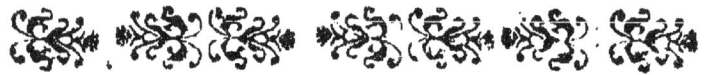

LORENZO LOTTO.

CE Peintre étoit de Bergame, contemporain & ami du Palme. Les uns le font Eléve de Jean Bellin, & difent qu'il fe forma enfuite fur les Ouvrages du Giorgion ; les autres veulent qu'il ait apris avec le Palme, aprochant affez de fa maniere. Il a peint beaucoup de Sujets de Dévotion à Bergame, à Venife & à Lorete où il eft mort.

UNE SAINTE FAMILLE.

Peint fur bois, haut de deux pieds fept pouces, large de trois pieds quat e pouces.
Fig. un peu plus que demi-nature.

La Vierge tenant l'Enfant Jefus qui reçoit un écriteau, fur lequel on lit L. LOTTUS, que lui préfente un Vieillard qui aparemment eft Lorenzo Lotto lui-même. Entre ce Peintre & la Vierge, eft S. Pierre avec les clefs. De l'autre côté à droit on voit S. François, reconnoiffable par fes Stigmates. Les Figures à l'exception du petit Jefus, font un peu plus qu'à mi-corps. Le fond du Tableau eft noir, & ne va qu'aux trois quarts de la hauteur, au-deffus eft un Paifage dans le lointain, où l'on voit deux hommes qui abatent un arbre.

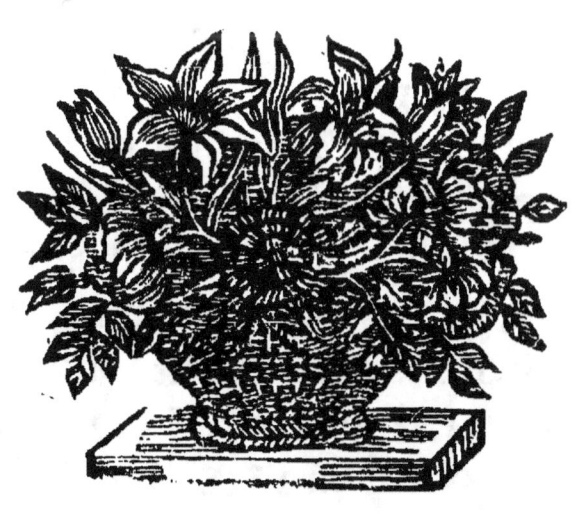

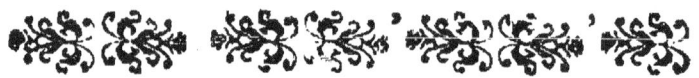

LOUIS CARRACHE.

IL étoit Coufin germain d'Auguftin & d'Annibal Carrache.
Quoiqu'il ne fut guéres plus âgé
qu'eux, s'étant avancé de bonne
heure dans la Peinture, il fut leur
Maître. Les difpofitions que la nature leur avoit données à tous trois
pour cet Art, les lia d'une amitié
qui les unit de fentiment & de
principes, enforte que la diverfité
de leur tempéramment a fait toute
la diférence de leur Maniere. Les
Compofitions de Louis étoient
plus grandes, celles d'Auguftin
plus agréables, & celles d'Annibal
plus fieres ; mais ils ont tous deffiné d'un grand Goût. Louis Carrache mourut en 1618. âgé de foixante & trois ans.

UN ECCE HOMO.

Peint fur toile, haut de deux pied trois pouces, large de deux pieds.
Fig. de dix-huit pouces.

S. Math.
c. xxvii.
v. 19.

La Scene du Tableau eft le Prétoire, éclairé par une lampe fufpendue au plancher pour marquer
que c'eft la nuit. Notre Seigneur
eft affis fur le devant, revêtu du
manteau de pourpre que les Soldats lui avoient mis, & un d'eux
lui enfonce une couronne d'épines. Il y a deux Juifs à côté de la
porte & des Soldats plus loin.

M. Dorigny.

UN COURONEMENT D'EPINES.

Peint fur toile, haut d'un pied quatre pouces, large d'un pied un pouce.
Fig. de grande nature.

Notre Seigneur eft de face, revêtu d'une robe d'écarlate. Le fond
du Tableau eft brun.

M. Dorigny.

UNE DESCENTE DE CROIX.

Peint fur toile , , haut de fept pieds , quatre
pouces , large de quatre pieds huit pouces.
Fig. de petite nature.

Le Duc
de Mode-
ne.
Le Chrift eft étendu fur le devant , fon linceul fous lui , la Madeleine lui foutenant le bras droit.
La Vierge eft pâmée entre les bras
d'une femme , & il y en a une autre derriere. Saint Jean eft vis-à-vis
qui paroît fort touché. Il y a au
haut une Gloire. Le fond du Tableau eft un Paifage.

SAINTE CATHERINE.

Haut de quatre pieds trois pouces, large de
trois pieds cinq pouces.
Fig. de grande nature.

M. de
Nancré.
Cette Sainte aiant une robe d'un
jaune clair , avec une grande draperie de la même couleur par deffus , eft affife dormant , le vifage
apuié fur fa main gauche. La Vierge dont le vêtement eft d'écarlate ,
avec un manteau d'un bleu foncé ,

eſt à droit auſſi aſſiſe, tenant l'Enfant Jeſus qu'elle contemple. Il y a deux Anges à côté qui ſe trouvent derriere Sainte Catherine, l'un regarde la Vierge, & l'autre adore l'Enfant Jeſus. Le fond du Tableau eſt un Ciel où paroiſſent des Cherubins.

UN SPOSOLICE.

D'APRE'S LE CORREGE.

Peint ſur bois, haut d'onze pouces, large de huit.
Fig. dans la proportion de quinze pouces.

La Vierge vetue de rouge avec une draperie bleue par-deſſus, a ſur ſes genoux l'Enfant Jeſus qui la regarde ; Sainte Catherine eſt à genoux devant Notre Seigneur, tenant de la main droite une palme. La Vierge lui ſoutient la main gauche qu'elle préſente pour recevoir l'anneau que l'Enfant Jeſus tient de la main droite. Au bas du Tableau il y a une longue épée. Le fond eſt un Paiſage.

Madame de Foix.

N vj

LUC CAMBIASI.

IL étoit Fils d'un Peintre , &
naquit à Génes en 1527. La difpofition qu'il avoit pour la Peinture , l'y rendit bientôt habile. Son
Pere fut fon prémier Maître , & le
progrès qu'il fit dans cet Art , fut fi
rapide , qu'à quinze ans il parut
des Tableaux publics de lui. Il peignoit des deux mains , & faifoit
plus d'ouvrage lui feul que plufieurs autres Peintres enfemble. On
ne fçauroit dire combien il eft forti
de fes mains de Deffins & de Peintures qui fe font perdus , foit par le
vol de fes Eléves , foit par fa propre négligence , foit par le mauvais
ufage qu'en faifoient fa femme &
fa fervante , qui s'en fervoient à
tout. Etant devenu veuf , fa Belle-
Sœur lui plut fi fort qu'il voulut
l'époufer. Dans cette vue , il ac-
compagna de deux Tableaux fa Su-

plique au Pape Gregoire XIII.
mais il n'obtint point la Difpenfe.
Dans le même tems en 1583. le
Roi d'Efpagne le fit venir pour
peindre le Paradis à l'Efcurial, avec
une penfion de cinq cens livres par
mois. Et comme Philippe II. l'alloit fouvent voir travailler, il fe
flata d'en avoir une recommanda-
tion auprès du Pape : mais aupa-
ravant il voulut confulter un Seigneur fort acrédité à la Cour, qui
lui dit, que loin d'obtenir fa demande, elle déplairoit fort à un
Roi fi religieux, & lui feroit
perdre fes bonnes graces. Cette ré-
ponfe exclufive le faifit tellement,
qu'il en tomba dans une efpéce de
délire, & en mourut peu de tems
après.

Les Génois regardent le Cam-
biafi comme leur Raphaël. Il y a de
lui à Bologne dans la Sacriftie de
la magnifique Eglife de Saint Dominique, une Nativité de Notre
Seigneur qui eft très-eftimée.

L'AMOUR ENDORMI.

Peint fur toile, haut de trois pieds deux pouces, large de deux pieds fix pouces.
Fig. de grandeur naturelle.

Le Fils de Vénus eft endormi fur
une terraffe, & un enfant veut lui
dérober fon carquois. Un tronc
d'arbre fert de fond, fe détachant
en brun fur un Ciel.

VENUS ET ADONIS.

Fig. de petite nature.

*Mylord
Melfort.*

Adonis bleffé à la cuiffe droite,
eft mourant dans les bras de Vénus.
L'Amour eft à gauche vû par le
dos, tournant la tête de maniere
qu'on lui voit la moitié du vifage,
fur lequel la douleur eft peinte. Le
dard d'Adonis eft à fes pieds. Le
fond du Tableau repréfente un
Paifage.

JUDITH.

Liv. de
Judith
c. XIII.

Peint sur toile, haut de trois pieds six pouces, large de deux pieds onze pouces.

Cette Heroïne Juive est en pied dans une atitude panchée, & a un habillement fort riche. Elle tient de la main droite l'épée d'Holoferne, & de la gauche la tête de ce Général toute sanglante qu'elle met dans un sac que lui tend sa servante, qui est une vieille femme. Le fond du Tableaure présente partie d'un pavillon d'écarlate.

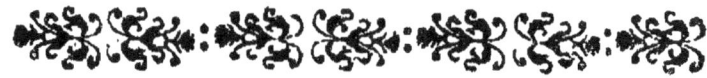

LUC JORDANI.

CE Peintre étoit de Naples, avoit une Imagination si vive & une exécution si présente, qu'il en a été surnommé *Fapresto*, Il avoit été Eléve en Espagne de l'Espagnolet, dont il suivit la Maniere jusqu'à ce qu'il eût vu les Peintures de Venise & de Rome. Son Coloris devint alors plus tendre & ses Touches plus libres. Il a même fait quelques Tableaux finis qui sont gracieux. Etant retourné en Espagne il y a beaucoup peint à fraisque & à huile, & y est mort depuis quelques années.

S. Math.
ch. XXI,
v. 12,

LES VENDEURS CHASSE'S DU TEMPLE.

Peint sur toile, haut de sept pieds onze pouces, large de neuf pieds six pouces.
Fig. de grandeur naturelle.

Mon-
SIEUR.
La Scene du Tableau représente le Temple de Jerusalem dans un

point de perspective qui en laisse
voir l'interieur. N. S. vetu de pourpre tient un fouet de la main droite, & chasse les Vendeurs qui em-
portent avec précipitation leurs
marchandises. Le plus remarquable
est un Marchand de moutons sur le
devant, qui a un bonnet de pluche
rouge, est baissé, aiant une jambe
pliée sous lui & l'autre étendue, regarde l'action de J. C. & s'apuie sur
l'anse d'un panier d'œufs ; ses moutons sont derriere lui & font tomber un enfant. Une femme en pied
tenant un panier rempli de pigeon-
naux, est aussi sur le devant à une
petite distance du Sauveur qu'elle
regarde avec beaucoup d'étonnement. On voit trois Apôtres derriere J. C. Un bout de Païsage avec
fabrique acheve le fond du Tableau
à droit.

LA PISCINE.

Peint fur toile, haut de fept pieds dix pouces,
large de huit pieds un pouce.
Fig. de grandeur naturelle.

Mon-
sieur.
La Scene du Tableau eft le bâtiment de la Pifcine. Notre Seigneur
eft à droit, aiant la main étendue
vers le Paralytique à qui il parle,
& qui a déja une jambe hors de fa
couchete. On voit à une petite diftance un gueux impotent qui eft
dans l'admiration de ce miracle.
Ces trois Figures dominent fur le
devant du Tableau qui eft rempli
de Malades & de Spectateurs placés fur différens plans. Le fond repréfente à droit comme un Veftibule orné de colonnes, avec une
efpéce de pavillon, & dans le refte
la perfpective d'une galerie par où
l'on arrive à la Pifcine. Au haut on
voit fur des nuées l'Ange qui vient
troubler l'eau.

LOUIS VARGAS.

CE Peintre étoit de Seville. Il a été Disciple de Perrin del Vague.

SAINT JEAN.

Peint sur toile, haut de six pieds, large de trois pieds onze pouces.
Fig. de grande nature.

Ce Saint est presque nu, n'aiant que sa peau de chameau autour du corps. Son atitude est extrémement genée, étant à moitié assis & d'une maniere qui lui fait étendre la jambe droite, plier la gauche & hausser l'épaule du même côté, pour pouvoir s'apuier sur sa main, en tenant une Croix qui le caracterise. Le fond du Tableau est un Paisage.

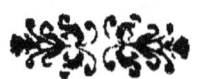

MARIA TINTORELLA.

C'Eft cette habile Fille dont il a été parlé dans la vie du Tintoret fon Pere : il l'habilla longtems en homme, & elle le fervoit dans tout ce qui regardoit la Peinture, qu'elle aprit de cette forte. Elle aimoit fort la Mufique, & jouoit en perfection de divers Inftrumens:ce qui la fit rechercher de plufieurs Cours; mais fon Pere ne lui permit pas d'y aller. Il la maria à un Allemand, & elle mourut âgée de trente ans en 1550.

Elle copioit fort bien les Tableaux du Tintoret, & a fait quantité de Portraits d'hommes & de femmes qu'on eftime.

UN PORTRAIT.

Peint fur toile, haut de trois pieds onze pouces, large de deux pieds un pouce.
Fig. de grandeur naturelle.

C'eft un homme affis dans un

fauteuil, la main droite apuiée
fur un des bras, & la gauche fur un
livre qui eft fur une table où il y a
un Crucifix, une petite pendule,
des papiers & un encrier. Il eft habillé de noir avec une fraife, & a
au pouce de la main gauche une
bague. Le fond du Tableau eft
brun.

MARTIN DE VOS.

IL étoit d'Anvers , & eut pour
Pere un Peintre, qui lui aiant
donné les prémieres leçons du Deffin, l'envoia voiager prefque encore enfant. Il alla d'abord à Rome ,
d'où étant paffé à Venife, il s'y arêta
& profita beaucoup dans l'Ecole du
Tintoret. Il faifoit fort bien le Paifage , & en a mis dans plufieurs Tableaux de fon Maître. En 1559. il
retourna dans fa Patrie, & y mourut fort âgé en 1605. Ce Peintre
avoit une veine abondante, fon
Deffin étoit correct, & il a fait quantité d'Ouvrages, dont la plus grande
partie a été gravée par les Sadelers.

LES FLEUVES AVEC DES TIGRES
ET DES CROCODILES.

Peint fur toile, haut de fix pieds onze pouces, large de huit pieds huit pouces.
Fig. de grande nature.

On voit une groupe dont la difpofition eft telle qu'il paroît en former deux , repréſentant dans des roſeaux les Dieux des princi- paux fleuves de l'Aſie & de l'Afri- que avec des Naïades. Le Nil te- nant un aviron eft aſſis à gauche ſur une hauteur avec une Nym- phe ; un autre Fleuve, le dos tourné eft devant eux , aiant un bras apuié ſur une urne , ornée de bas reliefs. Ce dernier eft accompagné d'une Moreſque qui termine cette pré- miere partie du groupe. L'Eufra- te , un autre Fleuve, & deux Naïa- des compoſent le côté à droit. Au deſſous de ce groupe au bas du Tableau eft à gauche un crocodile, avec lequel trois enfans jouent. Il a la gueule ouverte comme pour dévorer une lionne , qui eft à droit avec ſes petits qu'elle ſemble vou- loir défendre. Un marécage fait le fond du Tableau.

PAN, SYRINX, DES ENFANS ET DES TIGRES.

Peint fur toile, haut de fix pieds quatre pouces, large de neuf pieds dix pouces,
Fig. de grande nature.

La Scene du Tableau repréfente
un Paifage, coupé par un gros arbre. Pan eft apuié contre, & femble en vouloir aracher une branche
pour combatre trois tigres qui font
au deffous de lui : mais il eft retenu
par une Syrinx qui eft vue par le
dos, aiant feulement un bout de
linge au deffous des reins avec
une draperie rouge par deffus.
Au deffous eft un groupe de deux
enfans & de trois tigres qui jouent
enfemble.

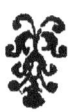

MATTHIEU

MATHIAS PRETI.

IL étoit de Calabre, & paſſe pour Eléve du Lancfranc. Il a beaucoup travaillé à Rome & Naples. Il fut apelé à Malthe par le Grand-Maître, & y fit des Ouvrages qui mériterent la Croix de cet Ordre, d'où il a été ſurnommé le Chevalier Calabrois. Il peignoit aſſez bien les Figures, mais il donnoit trop dans la couleur noire On ignore & ſon âge & le lieu de ſa mort : tout ce qu'on en ſait c'eſt que ſon nom ſe trouve dans le Catalogue des Profeſſeurs de Deſſin de Rome en l'année 1657.

LE MARTIRE DE S. PIERRE.
Peint ſur toile, haut de dix pieds ſix pouces, large de ſept pieds ſept pouces.
Fig. de grandeur naturelle.

Cet Apôtre eſt ſur une Croix renverſée, la tête en en bas qu'il léve un peu, les jambes atachées,

O

& le bras droit prêt à l'être. Un bourcau lui soutient le corps, & un autre lui tire le bras gauche : derriere sont deux Soldats. Il y a à droit un homme avec un bonnet rouge, qui semble montrer à Saint Pierre une Idole qui ne paroît pas. Au haut du Tableau on voit un Ange qui descend du Ciel tenant une palme & une couronne. Le fond du Tableau représente une Terrasse, avec de l'Architecture & un Ciel.

MICHELANGE BONAROTI.

JAmais on n'a été plus né pour
les Arts que Michel Ange, aiant
été à la fois parfait Architecte,
excellent Sculpteur & habile Peintre. Il vint au monde en 1474. dans
le Château de Chiusi en Toscane,
l'année que son Pere Leonard Bonaroti Simoni de l'ancienne Famille des Comtes de Canosses en
étoit Podestà, & fut nourri dans
le Village de Settignano par la
femme d'un Sculpteur. Il eut pour
Maître Dominique del Grillandaio,
chez qui il ne demeura pas long-
tems, le progrès qu'il y fit lui aiant
attiré l'envie de ses camarades. Son
aplication, l'étude de l'Antique,
la force de son Génie supléerent
aux enseignemens. Il produisit
bien-tôt des Ouvrages qui lui fi-

rent une grande réputation & lui aquirent l'eftime de tous les Souverains. Perfonne n'a plus contribué que Michelange à bannir de l'Italie la petite Maniere & les reftes du Gothique. Tout le monde fait que la vue de la Chapelle de Sixte qu'il peignoit à Rome, fit fortir Raphaël de la féchereffe du Perugin. Il a fait voir dans le Tableau du Jugement dernier la profondeur de fa Science, fon Goût pour le grand, & l'entoufiafme d'une Imagination libre, féconde & élevée. Il étoit favant & correct dans fon Deffin, qui eft fier & hardi ; mais fa connoiffance de l'Anatomie le faifoit un peu trop prononcer les parties du corps humain, ce qui l'a empêché d'être gracieux; fon tempérament l'avoit tourné du côté du fevére & du bizarre, il n'a pas laiffé néanmoins de faire des chofes d'une beauté finguliere. Ses atitudes ne font pas

pour la plûpart fort agréables; ses
airs de Têtes sont fiers, ses Expressions sont peu naturelles,& ses Draperies sont trop adherantes; mais
la grandeur de son Goût fait pour
l'ordinaire disparoître en quelque
sorte ces défauts dans ses Productions, les cachant par l'élevation
de ses pensées & par la noblesse de
ses Figures. Il mourut à Rome en
1564. âgé de quatre-vingt-dix ans.

UNE DESCENTE DE CROIX.

Peint sur bois, haut d'un pied quatre pouces
& demi, large de dix pouces & demi.
Fig. dans la proportion de neuf pouces.

Deux enfans qu'on peut prendre
pour deux Anges sans aîles, sou-
tiennent le corps de J. C. sur les
genoux de la Vierge, qui est assise
au pied de la Croix, les bras étendus, regardant le Ciel. La couronne d'épines est aux pieds de J. C.
avec les clous, un marteau & une
tenaille. A gauche on voit dans le
lointain Jerusalem. Le fond du Ta-

M. Amelit.

bleau eft compofé d'un Ciel & d'une terraffe.

S. Math.
ch. 26.
v. 36. &
fuiv.

LA PRIERE AU JARDIN DES OLIVIERS.

Peint fu bois, haut d'un pied dix pouces,
large de deux pieds fept pouces.
F.g. d'environ un pied.

*Aporté
d'Efpa-
gne par
S. A R.*

Le fond du Tableau eft un Paifage avec fabrique éclairé à gauche par une lumiere extraordinaire ; Jefus-Chrift eft de face à genoux qui prie, & à une petite diftance on le voit encore, mais en pied & tourné, reprenant Saint Pierre qui a la main fur fa poitrine, comme pour s'excufer. Les deux autres Apôtres font au deffous, marquant par leurs atitudes bizares qu'ils dorment profondément, ils ont tous trois des capotes de Pêcheurs.

GANYME'DE.

Ovide
Métam.
Liv. 10.

Peint fur toile, haut d'un pied deux pouces &
demi, large d'onze pouces & demi.
Fig. de fix pouces.

Il eft porté au milieu des airs par
un aigle, aiant une draperie déta-
chée qui voltige au deſſous de lui,
par derriere. Un Ciel bleu fait le
fond du Tableau. Le bas eft une
Terraſſe où il y a un chien, & tout
proche un baril & une beface avec
un bâton qui eft paſſé dedans comme pour les porter.

*La Reine
de Suede.*

UNE SAINTE FAMILLE.

Haut d'un pied quatre pouces & demi, large
de dix pouces & demi.
Fig. dans la proportion de neuf pouces.

La Vierge a une robe tirant fur
le pourpre avec une draperie bleue,
fa coëfure eft bizare, & repréſente
fur le devant un Chérubin; elle eft
aſſiſe fur un banc, & tient fur ſes
genoux l'Enfant Jeſus endormi &
nu, elle le contemple, & la crainte

O iiij

de l'éveiller lui fait retirer fon bras
gauche fur elle, & écarter le droit
dont elle tient un livre ouvert.
Saiui Jofeph derriere à droit, eft
apuié & confidere Jefus, & S. Jean
de l'autre côté fait un figne de filence, aiant le doigt fur fa bouche.
Le fond du Tableau repréfente un
rideau relevé en feftons, & le fût
d'une colonne.

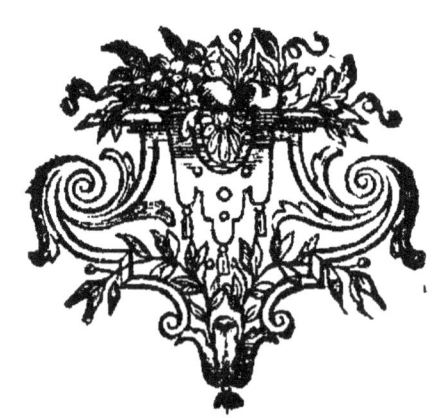

MICHELANGE CERQUOZZI.

IL fut furnommé des Batailles, pour avoir égalé dans ce genre fon Maître Vincent, apellé le Mozzo d'Anverfa. Il mourut en 1690.

UNE MASCARADE.

Peint fur toile, haut d'un pied & demi, large de deux pieds un pouce.

La Scene eft une Sale où l'on voit à droit une table, autour de laquelle il y a plufieurs Muficiens, & des Mafques qui entrent.

Ov

MICHELANGE DE CARAVAGE.

CE Peintre apelé communé-
ment le Caravage, né dans
un Bourg du Milanez de ce nom,
étoit de la Famille d'Amerighi. Il
inventa une Maniere forte, vraie,
& d'un grand éfet, mais dénuée
de grace & de nobleffe, peignant
tout d'après nature dans une chambre où la lumiere venoit de fort
haut. Ses idées qui tenoient de fon
tempéramment étoient fort iné-
gales & peu élevées. Il n'a pas
laiffé de faire des Tableaux d'une
affez bonne compofition. Son Goût
de Deffin eft mauvais, mais fon
Coloris eft bon, & fon Pinceau eft
fier & rapide. Comme il parloit
mal des Ouvrages des autres Peintres, ce mépris lui atira beaucoup
d'ennemis. Il mourut à Rome en
en 1609. âgé de quarante ans.

LE SACRIFICE D'ISAAC.

Gen.
c. 22.

Peint fur toile, haut de trois pieds neuf pouces, large de quatre pieds fept pouces.
Fig. de grandeur naturelle.

La Scene du Tableau eft un Paifage. Abraham eft prêt à facrifier
fon Fils qui a la tête fur une pierre.
Un Ange qui eft derriere lui arête
la main dont il tient le couteau, &
lui montre un belier qui paroît à
droit.

UNE TRANSFIGURATION.

S. Matth.
c. XVII.
v. 12.

Peint fur toile, haut de quatorze pieds dix
pouces, large de trois pieds neuf pouces.
Fig. de grande nature.

Notre Seigneur vetu de blanc
tout refplendiffant de lumiere, eft
fur une haute montagne, étendant
les bras entre Moyfe & Elies, le prémier tenant un livre, & le fecond
une longue bandelette blanche. Les
trois Apôtres font au pied de la
montagne qui regardent ce prodi-

O vj

ge avec admiration. Le fond du Tableau est un Paisage.

UN FLUTEUR.

Peint sur toile, haut de deux quatre pouces, large d'un pied onze pouces.

C'est un jeune homme dont la tête est éclairée bizarrement. Son habit est une saie dont les manches descendent jusqu'au poignet. Il paroît assis sur une roche, & tient une flute des deux mains prêt à l'emboucher. Le fond du Tableau est brun.

LE SONGE DU CARAVAGE.

Peint sur toile, haut de deux pieds deux pouces, large de deux pieds un pouce.
Fig. de demi-nature.

Ce Peintre vetu de haillons, se regarde dans un miroir, au dessus duquel est une tête de mort posée sur une feuille de papier qui est sur un livre fermé.

NICOLAS POUSSIN.

IL n'y a aucun Peintre qui ait fait plus d'honneur à la France. Il étoit d'Andeli en Normandie, naquit en 1594. & mourut à Rome en 1665. Sa forte inclinatiⁱⁱ pour la Peinture le fit fortir de la maifon de fon Pere Jean Pouffin à l'âge de dix-huit ans pour venir à Paris aprendre les Principes du Deffin; mais n'aiant eu que des Maîtres d'une capacité médiocre, il les quita & crut avancer d'avantage en fe formant fur l'Antique, & en étudiant les grands Maîtres. Il choifit Raphaël & le Dominiquin, & ne négligea aucune des connoiffances qui pouvoient le rendre parfait dans les principales parties de fon Art. Il a poffedé à un dégré éminent la belle Compofition, la Correction du Deffin, & l'Expref-fion des paffions de l'ame; fes Paifages font admirables , perfonne n'a été plus exact obfervateur des Convenances dans les Sujets qu'il a traités. Il faifoit l'Architecture d'un excellent Goût, & la réduifoit felon les régles de la Perfpective qu'il favoit parfaitement. Comme il confultoit plus l'Antique que la Nature, il a paru négliger le Coloris dans les Figures. Tous fes Tableaux de chevalet ont été peints à Rome. On fait qu'il a fait deux fois le fept Sacremens ; la prémiere pour le Commandeur del Pozzo , & la feconde pour M. de Chantelou fon ami : ce font ceux du Palais Royal.

MOYSE MARCHANT SUR LA COURONNE DE PHARAON.

Antiq. des Juifs Liv. 2.

Peint fur toile , haut de trois pieds un pouce, large de quatre pieds quatre pouces.
Fig. dans la proportion de dix-fept pouces.

M. de Seignelay La Scene du Tableau eft une galerie du Palais de Pharaon. Ce Roi a une robe bleue avec une draperie

jaune par-deffus, & un bandeau
Royal. Il eft affis de profil fur une
efpéce de trône, au pied duquel eft
fa Couronne, vis-à-vis a gauche
eft Thermuth fa fille affife fur un
tabouret rouge qui a un marche-
pied; elle eft vetue de blanc avec
une mante pourpre qui lui couvre
la tête comme un voile, fous lequel elle a un bonnet tel qu'on en
voit dans les Médailles Impe-
riales.

Le petit Moyfe aiant une fimple
draperie volante, eft debout fur le
bord du trône, foutenu par un Eunuque, & met avec un rire enfantin le
pied dans la Couronne du Roy, à
qui il tourne le dos. Un Oficier
tranfporté de colére à la vue de cette profanation qu'il montre de la
main gauche, veut plonger un poignard dans le fein de cet enfant;
mais l'Eunuque met fa main au
devant. Le Roi furpris, hauffe fa
main droite, la paume tournée
en dehors, comme quand on eft

indigné de voir quelque chofe
& Thermuth ouvrant les bras,
femble vouloir remontrer à Pha-
raonque c'eft un enfant qui joue.
On voit derriere le trône un Philofophe la tête couverte, aiant
un manteau d'écarlate, un Prêtre
de Jupiter apuié fur le doffier, un
jeune homme derriere ce dernier,
envelopé dans un grand manteau
rouge qui léve fa main gauche, &
tout au bord du Tableau, un autre
vetu de blanc, qui fait un figne de
l'index. Derriere la Fille du Roi
font deux femmes habillées de
bleu avec des mantes, l'une rouge
& l'autre jaune ; la prémiere remplie d'éfroi à la vue du poignard,
étend les bras d'une maniere qui
fait prefque tomber fa mante. Il
regne dans ce Tableau un filence
de refpect & d'étonnement qui
faifit le Spectateur. Le fond fupe-
rieur repréfente à gauche une Tri-
bune, foutenue par des colonnes
d'Architecture, & à droit un bout
de ciel avec un palmier.

LE FRAPEMENT DU ROCHER.

Exode c. XVI, v. 6.

Peint fur toile, haut de trois pieds, large de quatre pieds deux pouces.
Fig. dans la proportion de treize pouces.

La Scene du Tableau eft un Pai- M. & Drux.
fage avec de grands arbres fur le
devant, qui en occupent toute la
hauteur, & féparent les Figures qui
font fur le devant d'avec celles qui
font dans le lointain. Le Rocher
eft à gauche. Moyfe vetu d'une tunique bleue avec une draperie rouge par deffus, fait voir avec la ver-
ge dont il a frapé la pierre d'Horeb,
l'eau qui en fort, & qui a formé
un ruiffeau au bas. Aaron dont l'habillement ne diſére de celui de
Moyfe que par la couleur de ſa
draperie jaune, eft derriere ce
Legiſlateur, montrant de la main
le miracle. On voit au pied du rocher fur le devant une femme habillée de bleu à genoux, qui boit
dans une jate, un homme au deſ-
fous auſſi à genoux & fort baiſſé,

tient un bocal à fa bouche ; & devant ce dernier un autre homme
un genou en terre, s'apuiant fur
fa main droite qui étend le bras
gauche, peut puifer dans le ruiffeau avec une amphore ; derriere
lui au deffus eft un jeune garçon,
qui tend un pot à un autre qui fe
panche pour le tenir & boire à même. Un vieillard qui eft un Ancien, diftingué par la richeffe de fon
habillement eft plus loin, joignant
les mains en action de graces. Tout
proche dans le coin à droit, eft une
mere avec deux enfans prefque nus,
elle en a un fur elle, & tend un bocal à l'autre qui le tient à deux
mains : cette femme eft vetue de
bleu avec une draperie jaune qui
prend à mi-corps & defcend jufqu'aux pieds, ne lui laiffant voir
que le droit, & a une coëfure en
forme de voile d'une étofe blanche
raiée de bleu. Au côté opofé derriere la femme qui boit, il y a une
autre femme en pied dont le gefte

témoigne l'admiration, une vieille tout au bord du Tableau joignant les mains qu'elle éleve, & un enfant de face qui léve sa chemise. Le milieu de la Scene un peu au dessus des Figures dont il a été parlé, représente une groupe de plusieurs hommes & d'une femme ; leurs diférentes atitudes marquent l'étonnement des uns & la soif des autres. Dans le lointain à droit paroît le camp des Israëlites, avec quantité d'hommes & de femmes qui demandent de l'eau.

LE RAVISSEMENT DE S. PAUL.

II. Epît. aux Corinthiens ch. XII.

Peint sur bois, haut d'un pied trois pouces, large d'onze pouces.

L'Apôtre des Nations regarde le Ciel, a les bras étendus, & est porté sur les nuées par deux Anges, acompagnés de deux enfans nus. Toutes ces Figures qui sont dans la proportion de dix pouces, forment un seul groupe.

M. de Launay.

Il est à remarquer que le Poussin fit ce Ta-

bleau à Rome en 1643. à la priere de M. de Chantelou , pour acompagner celui de la Vifion
d'Ezéchiel de Raphaël de pareille grandeur,
que fon ami avoit acheté : comme le marque la
Lettre qu'il lui écrivoit avant que de le com-
mencer , le 2. de Juillet de la même année ,
s'exprimant en ces termes : *Je crains que ma
main tremblante ne me manque en un Ouvrage qui
doit acompagner celui de Raphaël , & j'ai de la peine à me réfoudre à y travailler , fi vous ne me pro-
mettez que mon Tableau ne fervira que de couverture
à celui de Raphaël* ; modeftie auffi eftimable que
rare , qu'il porte encore plus loin dans fa Let-
du 2. de Décembre fuivant , en envoiant ce Tableau à M. de Chantelou. *Je vous fuplie , dit il ,
tant pour éviter la calomnie , que la honte que j'au-
rois qu'on vit mon Tableau en parangon de celui de
Raphaël , de le tenir féparé & éloigné de ce qui pouroit le ruiner , & lui faire perdre fi peu qu'il a de
beauté.*

Le Chevalier del Pozzo jugeoit bien autrement de ce Tableau , puifqu'il marque dans
deux Lettres qu'il écrivit à ce fujet : *Qu'il n'e-
ftime pas moins le Raviffement de Saint Paul que
la Vifion d'Ezéchiel ; que c'eft ce que le Pouffin a
fait de meilleur , & qu'en comparant ces deux Tableaux , on poura voir que la France a eu fon Raphael auffi-bien que l'Italie.*

LE BAPTEME.

Peint fur toile, haut de trois pieds huit pouces,
large de cinq pieds cinq pouces.

La Scene du Tableau eft un Paifage, qui repréfente fur le devant le Jourdain, & dans le lointain des fabriques & des montagnes, avec des Figurines fur diférens plans. Notre Seigneur nu, aiant feulement un linge autour du corps, eft au bord du Jourdain. Il a un genou en terre, la jambe à moitié pliée, la main droite fur fa poitrine, & l'autre baiffée & ouverte. S. Jean aiant un grand manteau de pourpre, eft à fa gauche ; il étend le bras droit, & tient une coquille avec laquelle il verfe de l'eau fur la tête de J. C. Au deffus paroît une colombe, les aîles étendues. A gauche du côté de Notre Seigneur, on voit trois hommes dont celui du milieu eft un vieillard qui fe tient la barbe de la main droite ; & plus loin des gens deshabillés dans diférentes

atitudes, qui viennent d'être bapti-
fés, entre lefquels deux font remar-
quables, un vieux homme affis remetant fon bas, & un jeune marié
reconnoiffable à fa couronne de
mirthe qui s'en va, aiant un linge
fur le bras dont il s'effuie. De l'autre côté Saint Jean eft fuivi de plufieurs perfonnes. Un jeune homme
qui a une draperie bleue eft derriere
le Précurfeur de J. C. étonné de
voir la colombe, à côté de lui eft
un vieillard courbé joignant les
mains, qui regarde bâtifer Notre
Seigneur : à la gauche de ce vieux
homme eft un jeune garçon, un
troifiéme eft derriere ce dernier
affis fur fes talons : & tous trois paroiffent atendre le Bapteme : étant
nus, aiant feulement de légeres
draperies pour la modeftie. Il y a
après une femme avec deux enfans, l'un la tient, & elle porte
l'autre qui eft à la mamelle. A fa
droite eft une jeune fille, & à fa
gauche une femme qui a la tête à

moitié cachée par un des Disciples de Saint Jean, habillé de rouge qui est devant elle; ce qui n'empêche pas cependant que son visage ne se voie de profil. Il fait groupe avec deux autres Disciples qui montrent de la main la Colombe qu'ils regardent tous trois, d'une maniere qui marque leur étonnement: celui des deux derniers qui est plus sur le devant, est vetu de bleu & cache l'autre de façon qu'on ne lui voit que la tête & une main. Le devant du Tableau est rempli de draperies, qui font les habits de ceux qui ont été baptisés, ou qui vont l'être.

LA CONFIRMATION.

Peint sur toile, haut de trois pieds huit pouces, large de cinq pieds cinq pouces.

Act. des
Apôtres
c. 8. v. 17.

La Scéne du Tableau est un Temple où l'on voit un Autel dans le milieu avec une lampe dessus & deux autres suspendues aux deux côtés. L'Evêque revêtu d'une Au-

M. de
Chantelou

be qui lui envelope la tête avec
une riche Etole par-deffus, eft affis
à gauche, proche de la Crédence,
y aiant un Clerc à genoux un peu
derriere qui tient un baffin d'or fur
lequel eft le vafe du Saint Chrême.
Il oint un homme qui eft à genoux
devant lui, aiant une tunique bleue
avec une grande draperie d'écarlate
par-deffus. Proche de l'Autel un
Prêtre vetu d'une robe tirant fur le
pourpre lie le bandeau à une femme, un Enfant-de-Chœur tient
derriere lui un baffin rempli d'étou-
pes pour effuier le Saint Chrême;
un autre Prêtre placé entre eux le
dos tourné à l'Autel brule dans un
brafier celles qui ont fervi. Proche
de la Crédence il y a deux Clercs
dont le plus éloigné vient alumer
un flambeau à un autre qui eft dans
un chandelier fort élevé, & l'autre
met fur la même Crédence un baffin deftiné aparemment à laver les
mains, & un troifiéme qui peut être
un domeftique de l'Evêque, & qui
eft

tout contre, regarde atentivement
la Cérémonie. A droit derriere celui qui reçoit la Confirmation, on
voit deux filles à genoux avec un
jeune garçon, se suivant pour se présenter l'un après l'autre à l'Evêque.
Le reste du Tableau est rempli d'as-
sistans entre lesquels on remarque
une femme à moitié à genoux sur
le devant qui paroît être la mere
du jeune garçon qu'on voit se retourner vers elle, & qu'elle montre à un enfant vetu de blanc qui la
caresse. La porte de l'Eglise termine le Tableau, de ce côté là un
Clerc qui est en dedans proche du
Benitier, tient une branche d'hiso-
pe, selon l'ancien usage pour donner de l'eau-benite.

LA PENITENCE.

S. Luc.
chap. 7.
v. 36.

Peint sur toile, haut de trois pieds huit pouces, large de cinq pieds cinq pouces.

La Scéne du Tableau est la Sale
de Simon le Pharisien qui avoit
prié Notre Seigneur de manger

M. de Chantelou

P

chez lui. Cette Sale eft ornée de deux niches avec des colonnes qui paroiffent former une efpéce de périftile, & aufquelles eft atachée à une certaine hauteur une tapifferie verte pour empêcher de voir ce qui fe paffe dans l'intérieur. Il y a au milieu une table avec trois lits qui garniffent autant de côtés, celui de devant reftant vuide. Les Convives au nombre de huit font à la maniere antique fur des lits, deux en face, & trois à chaque bout. On voit à celui à gauche J. C. avec S. Jean & un autre Apôtre. Le Sauveur à demi couché, le coude gauche apuié fur le couffin regarde la femme Péchereffe qui eft toute épleurée, & répand des parfums fur fes pieds. Il étend la main droite & témoigne par ce gefte qu'il lui remet fes pechés. Un Apôtre & un Juif ocupent le lit fuivant. Le prémier boit & l'autre met la main à un plat. Au côté opofé à celui où eft J. C. on voit

Simon dans le milieu fur le fixié-
me lit qui montre de la main l'action de la Péchereffe ; à fa gauche
eft un vieillard qui a une longue
barbe, & paroît à fon ample habillement blanc doublé de pourpre
qui lui couvre auffi la tête, être un
Docteur de la Loi. Il eft affis fur le
bord du lit, & un Efclave lui effuie
les pieds qu'il vient de lui laver
dans une cuvete. Ces deux Phari-
fiens font reconnoiffables aux phy-
lacteres qu'ils portent fur le front.
Le refte du Tableau repréfente des
fpectateurs & des domeftiques entre lefquels eft une fervante vetue
de rouge, les cheveux entortillés
d'une efpéce de bande bleue, qui
aporte un grand plat, & un Efclave fur le devant un genou en terre
qui verfe du vin d'une grande cruche dans une petite ; tout proche
eft une amphore avec une cuvete
fur une table ronde à trois pieds. Il
paroît qu'on eft au commencement du repas.

L'EUCHARISTIE.

Peint sur toile, haut de trois pieds huit pouces, large de cinq pieds cinq pouces.

*M. de
Chantelou*   La Scéne du Tableau est une Sale ornée de pilastres : au milieu est
une table sur laquelle on ne voit
que du pain. N. S. vetu d'une tunique blanche avec un manteau d'un
rouge clair, est en face tenant la
coupe & faisant un signe de la main;
Saint Jean est à sa droite qui paroît
l'avoir interogé à la solicitation de
Saint Pierre qui est à côté de lui.
Les Apôtres sont habillés diféremment & nus-tête ainsique J. C. hors
un seul au bout à droit qui a un
manteau bleu dont un pan lui couvre la tête. A gauche on voit Judas
qui s'en va envelopé d'une draperie rouge, sortant sa main droite
dont l'index est levé : sur le devant il y a deux cuvetes dont la
moins grande est sur un pied. Une
tapisserie verte atachée aux pilastres sert de fond aux figures qui

font en face. Comme l'Euchariftie que ce Tableau repréfente, a été inftituée le foir, ce tems eft marqué par l'obfcurité de la fale qui n'eft éclairée que par une lampe à trois meches fufpendue au plancher au deffus de la table, & le refpect dû à ce grand Sacrement eft exprimé par le filence de ce lieu où il n'y a que J. C. & les Apôtres.

L'EXTREME-ONCTION.

Peint fur toile, haut de trois pieds huit pouces, large de cinq pieds cinq pouces.

Ce Tableau paffe pour le plus beau des fept Sacremens de ce grand Peintre, foit de ceux de Rome, foit de ceux de France, tant pour l'Ordonnance que pour les Caracteres & l'Expreffion. *M. de Chantelou*

La Scéne eft la chambre du Malade où tout eft fermé, ainfi qu'il fe pratique, afin que l'air n'y entre point; enforte qu'elle n'eft éclairée que par l'éfet d'une favante réflexion. Un lit à l'antique vû dans

P iij

sa longueur & un peu de profil est
presqu'au milieu, laissant un plus
grand espace au pied qu'au chevet
pour la perspective du lieu. Du côté intérieur est un rideau vert, qui
sert de fond aux Figures, & les dé-
tache. Les prémieres qui se présentent sont le Malade couché sur le
dos, le Prêtre placé vers les jambes du Malade dont les pieds paroissent par derriere ; le Clerc qui
est du côté du chevet tenant un
flambeau, & la Fille aînée du
Mourant assise au pied du lit s'a-
bandonnant à la douleur. Ces quatre personnages sont distribués de
façon qu'on voit entierement le
Malade. Plusieurs personnes forment deux groupes, l'un à la tête, &
l'autre aux pieds, & d'autres du
côté interieur paroissant les unes
plus, les autres moins, achevent
la composition du Tableau.

Le Malade a la tête un peu de
profil. La mort est imprimée sur
son visage, ses yeux cavés sont à

moitié fermés, sa bouche ouverte
marque qu'il ne peu plus respirer,
son corps ne paroît plus qu'une
masse de chair livide sans senti-
ment, ses pieds sont déja morts,
ses mains n'ont plus de mouvement. Il a le bras droit étendu sur
le bord du lit avec la main ouverte
pour recevoir l'Onction ; & sa main
gauche, les doigts un peu pliés,
est sur sa poitrine qui est entierement découverte, le drap & la
couverture qui est verte étant a-
baissés. Le Prêtre vénérable par sa
vieillesse & par son aspect est envelopé d'un grand manteau jaune, il
a un pied sur l'estrade du lit &
l'autre sur un escabeau, & aplique
à la main droite du Mourant avec
les deux doigts les saintes Hui-
les renfermées dans une petite
boëte ou navete d'argent qu'il tient
de la main gauche. Il est éclairé par
le flambeau du Clerc qui est vetu
d'une tunique blanche avec une
draperie bleue, a un genou en ter-

re, & porte un livre sous son bras
gauche. Son profil est dans l'ombre
ensorte que sa joue & son cou ne re-
çoivent la lumiere qu'en dessous.
Le spectacle touchant de la famille du Malade caracterisée selon les
diférens dégrés de parenté, l'âge,
& le sexe, s'ofre ensuite à la vue.
Une jeune Fille placée derriere le
Clerc, les mains jointes & les yeux
au Ciel, prie pour la santé de son
Pere dont la Mere est après aiant
une main à son voile, & l'autre devant ses yeux pour cacher ses lar-
mes, afin de ne point faire de peine à son Fils mourant. Un enfant
se trouve là, qui, curieux de voir
la cérémonie sans témoigner aucune tristesse, parce qu'il ne con-
noît pas la perte qu'il fait, paroît
se hausser sur la pointe du pied,
quoiqu'on ne lui voie que le visage: le Pere aussi touché que la Mere est à sa gauche un peu plus dans
l'ombre, & se cache en partie. Derriere le dossier est le Frere qui s'a-

vance par deſſus pour éclairer le
Prêtre, tenant une lumiere haute
de la main, & la mettant devant
ſes yeux pour n'être point ébloui.
Cette lumiere donne ſur le nu du
Malade, & refléchit ſur les Figures de derriere, qui ſont dans l'ombre. Ce groupe ocupe le derriere
du chevet. On voit après au côté
interieur la Femme dont l'amour,
& la douleur ſont également mar-
qués. Elle préſente à ſon Mari pour
le conſoler & lui cauſer quelque
ſentiment, un petit enfant, dernier fruit de leur tendre union, qui
tend les bras à ſon Pere, & lui demande en vain ſes embraſſemens
ordinaires. Le Médecin eſt enſuite
qui ſe tourne pour rendre à un jeune garçon une aſſiete avec une fiole contenant une médecine qu'il
lui fait ſigne de remetre, étant
inutile. La main de ce domeſ-
tique eſt cachée par deux femmes qui ſont devant lui, dont une
qui eſt très-afligée, prie Dieu ; &

l'autre, les mains fous une longue mante qui l'envelope, en porte une à fon vifage qui eft fort touché. Derriere cette derniere eft la Fille ainée de ce Malade , affife au pied du lit, & éclairée de la même lumiere que le Prêtre, ce qui fait qu'elle paroît beaucoup ; elle a le bras droit apuié fur le bord du lit & fon vifage deffus , de maniere qu'on ne lui voit que la moitié de la bouche : elle s'effuie un œil , & pouffe des plaintes & des foupirs. La Garde termine le Tableau à droit tout derriere. Comme elle a beaucoup veillé & fatigué, elle fe repofe, étant affife une jambe fur l'autre,& s'apuiant fur une table. La condition du Mourant eft marquée par un bouclier , fur lequel eft le Monogramme de J. C. felon la coutume des prémiers fiecles du Chriftianifme de le mettre fur toutes les armes : ce qui montre que c'eft un Soldat Chrétien. Ce bouclier avec une lance eft ataché à la muraille au deffus du rideau : ce qui s'aperçoit par le mélange d'une lumiere naturelle avec les deux autres artificielles : la prémiere venant du petit jour d'une fenêtre, dont une partie eft cachée par le rideau, enforte que fa lumiere ne faifant que couler fur le bord, frape foiblement le bouclier & le refte de la muraille, jufqu'à l'endroit où eft la Garde.

L' O R D R E.

Peint fur toile, haut de trois pieds, huit pouces, large de cinq pieds cinq pouces.

S.Matth. ch. XVI. v. 19.

La Scéne du Tableau eft un Paifage qui repréfente les environs de la Ville de Céfarée, fituée au pied du mont Liban proche de la fource du Jourdain, parce que c'eft en cet endroit que Jefus - Chrift étoit, lorfqu'il donna le pouvoir de lier & de délier à Saint Pierre. Il paroît au milieu un pont avec des gens qui le traverfent. Il y a à droit un Maufolée orné d'Architecture, &

M. de Chantelou

P vj

à gauche une tour quarrée, au haut de laquelle eft peint fur le mur un E. capital. On découvre dans le lointain Cefarée , & de côté & d'autre des tombeaux à l'Antique fur diférentes éminences avec des cédres. N. S. eft au milieu du Tableau, vetu d'une tunique rouge avec un manteau bleu. Il tient une clef de chaque main, montrant de la gauche le Ciel , & de la droite la terre. Saint Pierre dont la tunique eft d'un bleu verdatre & le manteau jaune, eft à demi agenouillé. Les onze autres Apôtres font des deux côtés, cinq à droit, defquels celui qui eft plus fur le devant, eft habillé d'écarlate ; & fix à droit, entre lefquels il y en a un de même qui eft plus fur le devant, dont le vetement eft jaune-clair. Ils ont tous des geftes diférens, paroiffent parler enfemble, & forment deux groupes, où Saint Jean eft caractérifé dans celui à droit par fon air de contemplation. Il eft à remarquer que J. C. & les Apôtres ont tous les jambes & les pieds nus. Entre le mausolée & le groupe à droit, on aperçoit dans l'éloignement deux hommes sur une bute avec une femme au dessous & à gauche deux autres Figurines.

LE MARIAGE.

S. Luc ch. 1. v. 27.

Peint sur toile, haut de trois pieds huit pouces, large de cinq pieds cinq pouces.

La Scéne du Tableau représente une Sale ornée de pilastres & de colonnes, & percée de fenêtres qui laissent voir un Paisage. Saint Joseph vetu d'un jaune changeant, est à la gauche de la Vierge qui a une mante bleue. Ils sont à genoux devant un Vieillard qui est assis : c'est lui qui fait la cérémonie. S. Joseph tenant un lis de la main gauche, met de la droite un anneau au doigt de la Vierge, dont la main est soutenue par le Vieillard, derriere lequel est un jeune homme habillé de violet, portant d'une

M. de Chanteleu

main un baſſin où il y a un vaſe , & de l'autre une éguére. Le reſte du Tableau eſt rempli de ſpectateurs; ceux à droit ſont des hommes avec une vieille femme ; Saint Joachim & Sainte Anne ſe remarquent entre ceux qui ſont à gauche, parmi leſquels on voit pluſieurs femmes avec quelques enfans.

Les Figures de ces ſept Tableaux ſont dans la proportion de vingt pouces.

MOYSE EXPOSE'.

Exode
ch. 2. Peint ſur toile, haut de quatre pieds huit pouces , large de ſix pieds quatre pouces. Fig. dans la proportion de deux pieds & demi.

Le petit Moyſe couché dans un panier, vient d'être expoſé ſur le Nil par ſa Mere qui eſt encore dans l'atitude que cette action demande, hors qu'elle tourne la tête pour regarder ſa Fille qui eſt derriere elle à une petite diſtance, afin d'obſerver, s'il ne paroît perſonne. Le déſeſpoir eſt peint ſur le viſage de cette Mere déſolée ; mais la Sœur de Moyſe lui fait ſigne de ſe taire, aiant le doigt ſur ſa bouche, parce

qu'elle aperçoit la Fille de Pharaon
qui vient. Cette Princesse paroît
dans le lointain acompagnée d'une
femme & précédée de trois autres.
Amram est à gauche vetu d'une tunique rouge avec une draperie jaune par dessus, & un turban bleu &
blanc ; il s'en va fort afligé emme-
nant le petit Aaron qui est nu, &
le tient par sa draperie. On voit sur
le bord du Nil proche de l'endroit
où Moyse est exposé, un groupe
de Sculpture de terre cuite colo-
rée, qui représente le Dieu de ce
Fleuve couronné de fleurs, qui em-
brasse le Sphinx, simbole de l'E-
gypte, de la main droite, & de la
gauche tient une corne d'abondance d'où il sort de pareilles fleurs ;
d'un côté il y a un cippe couvert
des mêmes fleurs, & de l'autre un
vase qui en est rempli. Ces Figures
sont beaucoup plus grandes que nature. Il y a derriere ce groupe deux
grands arbres, où sont suspendus à
l'un un arc avec un carquois plein

de fléches, & à l'autre une flute à plufieurs tuiaux. Le fond de ce Tableau eft un Paifage qui repréfente une Ville qui s'étend dans le lointain, des cabanes de Pêcheurs fur le bord du Nil, & des barques avec beaucoup de Figurines.

LA NAISSANCE DE BACCHUS.

Métam.
d'Ovide
Liv. III. Peint fur toîle, haut de trois pieds neuf pou-
Fab. 5. ces, large de cinq pieds fix pouces.
Fig. dans la proportion de vingt pouces.

La Scéne du Tableau eft un Paifage où coule fur le devant un ruiffeau. Mercure dont l'habillement eft rouge & le pétafe vert, préfente fur une grande draperie jaune Bacchus nouveau né & couronné de pampre à Ino. Cette Nymphe qu'une draperie pourpre couvre feulement à moitié, eft affife à terre, & reçoit cet enfant avec beaucoup de joie ; une autre Nymphe à genoux derriere elle l'embraffe, tournant la tête vers fes Compagnes pour leur annoncer la naiffance du

Fils de Jupiter. A droit on voit le Maître des Dieux dans les nuées, couché dans un lit à l'Antique, buvant l'ambrosie dans une coupe que lui sert Hebé, caractérisée par une amphore. A gauche, quatre Nymphes assises dans l'eau, forment un groupe avec des atitudes très-variées : une cinquiéme à demi-nue, aiant une draperie jaune qui tombe, est derriere, qui s'apuie contre des ceps de vigne & des branches de liere ; cette derniere & deux autres sont couronnées de liere. Au dessus de Bacchus, on aperçoit le Dieu Pan, assis sur la croupe d'une montagne, jouant de sa flute. Dans le coin à droit au bas du Tableau le Peintre a représenté la Fable de Narcisse. Il est étendu mort sur les fleurs qui portent son nom ; & un peu plus haut on voit la Nymphe Echo assise, la tête apuiée sur son bras, sa pâleur blanchatre marque qu'elle est changée en pierre.

NICCOLO DELL'ABATE.

IL naquit à Modene en 1512. & aprit à deffiner dans l'Ecole des Begarelli. Le Primatice qui avoit vû de fes Ouvrages à Bologne & à Modene, l'amena en France avec lui en 1552. Il y prit la Maniére de cet excellent Maître, ce qui peut lui avoir donné fon furnom, parce que le Primatice étoit Abbé. Maître Roux Intendant des Bâtimens de François I. étant mort, le Primatice eut fa place, & s'atacha à embelir Fontainebleau.. Il fit venir pour cela plufieurs Peintres, mais comme Niccolò les furpaffoit tous par fon habileté & fa diligence, il fut choifi pour peindre à fraifque fur les Deffins du Primatice la Sale du Bal & la grande Galerie. Il a fait encore d'autres Peintures dans cette Maifon Royale, & ailleurs. Il ne retourna point en Italie & mourut en France.

L'ENLEVEMENT DE PROSERPINE.

Peint fur toile, haut de fix pieds, large de
fix pieds huit pouces.
Fig. dans la proportion de vingt pouces.

Ce Tableau eft un grand Paifage
rempli de fabriques vues dans diférens lointains. Le devant repréfente un Fleuve avec la Statue de la
Divinité qni y préfide : Il y a fix
Nymphes prêtes à fe baigner étant
prefque toutes deshabillées. Sur
le fecond plan à droit on voit Pluton qui enléve Proferpine qui a
une draperie bleue. Sur la croupe
d'une Montagne paroiffent des vaches noires, & à côté dans un char
Pluton & Proferpine.

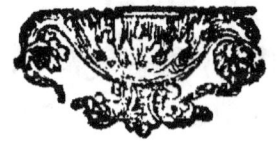

PARIS BORDON.

IL eut pour Pere un Gentilhom-
me de Trevise & pour Mere une
noble Vénitienne. Ils l'envoierent
fort jeune à Venise chez ses Parens qui prirent soin de son éducation. Il fut instruit dans les Belles-
Lettres, aprit la Musique & fit ses
Exercices : mais son inclination
pour la Peinture s'étant déclarée,
il fut mis chez le Titien, qu'il quita au bout de quelque tems pour
étudier d'après les Ouvrages du
Giorgion. Il se retira ensuite à Tré-
vise, mais il n'en fut pas moins recherché. François I. aiant vû de
ses Peintures, le fit venir en France où il peignit ce Roy & les plus
belles Dames de la Cour. Il retourna en Italie comblé de biens, &
passa le reste de ses jours à Venise
où il menoit une vie agréable. Il y
mourut à l'âge de soixante & quinze ans.

UNE SAINTE FAMILLE.

Peint fur bois, haut de trois pieds deux pouces, large de quatre pieds huit pouces
& demi.
Fig. demi-nature.

Saint Jean en âge d'homme vêtu de fa peau de chameau, fon
agneau à fes pieds, tient l'Enfant
Jefus qu'il contemple. La Vierge
eft à droit, tenant un livre ouvert &
Saint Jofeph eft de l'autre côté qui
regarde l'Enfant Jefus. Le fond du
Tableau eft un Paifage.

*La Reine
de Suede.*

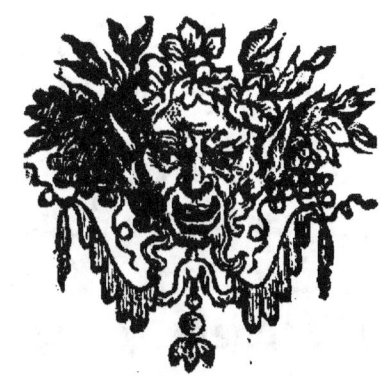

PAUL BRIL.

IL étoit d'Anvers & avoit un Frere apelé Matthieu qu'il alla trouver à Rome où il étoit ocupé aux
Ouvrages du Vatican, & ils y tra-
vaillerent enfemble à fraifque. Les
deux Freres étoient bons Paifagif-
tes. Paul a fait quantité de Tableaux qui font fort eftimés, mais
fes derniers furpaffent de beaucoup
les autres, aiant changé fa prémiere Maniere.

PAISAGE AUX CHEVRÉS.

Peint fur toile, haut d'un pied neuf pouces,
large de deux pieds quatre pouces.

Il repréfente des ruines & quantité de chévres fur le devant avec
une riviere à gauche, & un homme qui paffe tenant fon cheval.

PAISAGE AUX CANARDS.

Peint fur toile, haut d'un pied sept pouces,
large de deux pieds trois pouces.

On voit fur le devant des gens qui tirent aux Canards.

UNE MARINE.

Peint fur cuivre, haut de trois pouces & demi, large de quatre pouces & demi.

La Mer avec de grandes barques, & quelques Figures fur le rivage rempliffent le devant. A gauche eft une roche couverte d'arbres avec des fabriques.

UNE SAINTE FAMILLE.

Peint fur cuivre, haut de sept pouces un quart, large de neuf pouces un quart.

La Vierge affife à droit donne à têter à l'Enfant Jefus. Saint Jofeph eft à une certaine diftance & l'âne eft proche. Le fond eft un Paifage avec un moulin dans l'éloignement, & plufieurs figurines.

DES NYMPHES AVEC DES SATYRES.

Peint fur toile, haut de deux pieds fix pouces, large de deux pieds neuf pouces & demi.

C'eft un grand Paifage repréfentant à droit une roche couverte
d'arbriffeaux, à gauche de grands
arbres, & dans le milieu un Temple dans le lointain avec quantité
de Figurines. Sur le devant on voit
des Satyres, des Nymphes & des
Enfans qui jouent & danfent.

PAUL

PAUL MATTHE'E

PEintre Italien, qui vint il y a quelques années en France, où il a peint un peu de tems.

LA FABLE DE SALMACIS.

Ovide Métam. Liv. v.

Fig. de petite nature.

Cette Nymphe arête Hermaphrodite. Elle a une draperie volante jaune changeant, & lui une bleue. On voit un Amour dans les airs prêt à lancer une fléche. Le Dieu de la fontaine entouré de roseaux est à droit. Le fond du Tableau est un Paisage avec une riviere sur le devant.

Q

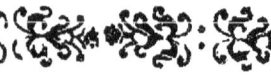

PAUL REMBRAN.

CE Peintre qui a été auffi Graveur, étoit d'un Village fitué
fur un bras du Rhein, ce qui lui a
donné le furnom de Van Rein. Il
étoit fils d'un Meunier & Eléve
d'un affez bon Peintre d'Amfter-
dam apelé Lefman. Il n'a dû la
cônoiffance qu'il aquit dans fa Profeffion qu'à fon intelligence & à fes
réflexions. On ne trouve dans fes
Ouvrages ni la correction du Deffin, ni le Goût de l'Antique, dequoi il fembloit convenir, difant
que fon but n'étoit que l'émulation
de la Nature vivante qu'il faifoit
confifter dans les chofes créées tel-
les qu'elles fe voient. Il n'a pas laiffé de faire quantité de Portraits
d'une force, d'une fuavité & d'u-
ne verité furprenante. Sa Maniére de peindre eft particuliére &
bien diférente de celle qui eft fi fi-

nie dans les Ouvrages des Fla-
mands. Sa Gravure à l'eau forte eſt
expreſſive & ſpirituelle , enſorte
que les Touches de ſes Portraits ex-
priment & la Chair & la Vie. Le
nombre des Eſtampes gravées de ſa
main eſt d'environ deux cens quatre-vingts. Elles ont quelque choſe de la maniere noire ; quoiqu'elle
ne ſoit venue qu'après. Il avoit été
à Veniſe & mourut à Amſterdam
en 1668.

UNE NUIT.

Peint ſur toile , haut d'un pied dix pouces ,
large de deux pieds quatre pouces.

Un jeune homme vû par le dos,
lit à côté d'une vieille femme ; &
ſur le devant on voit un enfant
dans un berceau. La lumiere d'une
chandele qui ne paroît pas, éclaire
ce Tableau.

UN SAINT FRANÇOIS.

Peint fur bois, haut d'un pied dix pouces &
demi, large d'un pied fept pouces,

Ce Saint eſt à genoux, aiant devant lui un grand livre ouvert avec
une tête de mort à côté.

PAISAGE AU MOULIN.

Peint fur toile, haut de deux pieds huit pouces, large de trois pieds deux pouces.

Il repréſente à gauche une hauteur avec un moulin à vent. Au
bas eſt une femme qui lave du linge au bord d'une riviere fur laquelle on voit un bateau.

LE PORTRAIT D'UNE FLAMANDE.

Ovale, haut de deux pieds, large d'un pied
fix pouces,

Elle eſt coëfée en cheveux plats
& a un colier de perles avec des
boucles d'oreilles de même & un
colet qui lui monte fort haut, comme le portoient autrefois les femmes, & par deſſus un autre colier

qui eſt d'ambre faiſant pluſieurs
tours & dont le bout tombe ſur le
devant de ſon corps.

UN PORTRAIT.

Peint ſur bois, ovale, haut de deux pieds,
large d'un pied ſix pouces.

C'eſt un homme qui a un petit
chapeau noir, & un pourpoint
boutonné avec un colet tournant
comme une fraiſe.

LE PORTRAIT D'UN BOURGUEMESTRE.

Peint ſur toile, haut de quatre pieds cinq
pouces, large de trois pieds quatre
pouces.

C'eſt un vieillard à longue barbe
blanche. Il eſt aſſis dans un fauteuil
la main droite élevée & la gauche
apuiée ſur le bras du même fauteuil. Le fond du Tableau eſt d'un
brun clair.

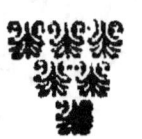

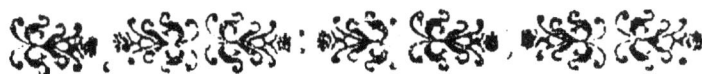

PAUL CALIARI VERONESE.

CE Peintre plus connu fous le nom du lieu de fa naiffance que fous celui de fa famille, étoit fils de Gabriel Caliari Sculpteur de Vérone. Il naquit en 1532. Son prémier Maître fut fon Pere qui lui aprit à faire des Modeles de terre, mais lui voiant plus de difpofitions pour la Peinture, il le mit chez Antoine Badile fon beau-frere qui peignoit affez bien. Il y demeura quelque tems & s'y rendit habile. On voit dans fes Tableaux un grand faire, fon exécution eft ferme & fon Pinceau leger. Ses Ouvrages publics ont prefque tous été en concurrence du Tintoret & les Connoiffeurs étoient partagés, cependant il paroît plus de force dans ceux du Tintoret, & plus de grace dans ceux de Paul Véronefe. Il avoit une grande idée de fa profef-

fion, difant qu'elle étoit un don du
Ciel. On voit de fes Tableaux dans
toute l'Europe, il en a peint plufieurs
à fraifque. Son talent étoit pour les
grandes Ordonnances où il metoit
beaucoup d'efprit, de verité & de
mouvement, faifant tout ce que
fon imagination lui préfentoit d'é-
levé, de furprenant, de nouveau
& d'extraordinaire, enforte qu'il
fongeoit plûtôt à orner la Scene du
Tableau, qu'à la rendre convena-
ble aux tems, aux coutumes & aux
lieux: ce qui fait qu'il s'eft plus ataché à l'exterieur de la Nature qu'à
bien exprimer les Paffions & à metre de la fineffe dans fes Expreffions.
Ses Têtes ont néanmoins du grand,
du noble & même du gracieux, &
il paroît avoir pris foin de deffiner
les femmes avec quelque élegance
felon l'idée qu'il s'étoit faite de la
belle Nature, n'aiant jamais connu
l'Antique. Il a très-bien entendu
les Couleurs locales, Ses Ciels font
merveilleux & fes Draperies ont un

brillant, une varieté & une magnificence qui lui font particulieres. Il metoit fouvent dans fes Compofitions de beaux bâtimens qui y donnoient de la grandeur, & les faifoit peindre par fon frere Benedetto. Enfin il a eu affez de parties pour être placé parmi les Peintres du ptemier rang.

LES DISCIPLES D'EMAUS.

S. Luc,
c. XXIV.
v. 12. &
fuiv.

Peint fur toile, haut de deux pieds deux pouces, large de deux pieds fix pouces.
Fig. au-deffous de demi-nature.

Aporté
d'Italie
par M.
Crozat.

Notre-Seigneur eft affis à table avec eux. Il y a à gauche deux hommes dont l'un a une ferviete fur l'épaule, à droit un autre regarde entre des colonnes, & derriere J. C. on voit une femme. Au bas de la table fur le devant eft un enfant affis qui joue avec un chien. Le fond repréfente de l'Architecture avec un Ciel bleu.

L'ENLE'VEMENT D'EUROPE.

Ovide
Metam.
Liv. 2.

Peiut fur toile, haut d'un pied dix pouces,
large de deux pieds un pouce & demi.
Fig. d'environ quinze pouces.

La Scéne du Tableau eſt un Pai- *La Reine
de Suede.*
ſage avec la mer, deux Compagnes d'Europe l'aſſeient ſur le Taureau, une troiſiéme qui eſt derriere témoigne de la ſurpriſe d'apercevoir des Amours dans les airs.
Le Taureau eſt baiſſé, a une guir-
lande de fleurs ſur la tête, & l'A-
mour le tient par une de ſes cor-
nes. Derriere le groupe il y a une
vache,& à gauche une autre dont il
ne paroît que la tête. Tout dans
le lointain on voit Europe ſuivie
d'une de ſes Compagnes & aſſiſe
ſur le Taureau que l'Amour conduit vers la mer.

Q v

LE'DA.

Ovide
Metam.
Liv. iv. Peint fur toile, haut de trois pieds fept pouces & demi, large de trois pieds.
Fig. de petite nature.

M. Bertin. La femme de Tyndare nue & couchée fous un pavillon de pourpre, qui fait le fond du Tableau, s'éléve un peu fur le bras gauche pour aprocher fa tête du Cygne qui eft deffus elle, & qui la careffe.

MARS DESARME' PAR VE'NUS.

Peint fur toile, haut de fix pieds huit pouces, large de cinq pieds deux pouces.
Fig. de grandeur naturelle.

Mars en pied, armé de toutes piéces avec une draperie d'écarlate volante, qu'il foutient de la main droite, a le bras gauche fur l'épaule de Vénus dont la draperie qui eft jaune tombe, & eft tirée en en bas par un petit Amour, enforte que cette Déeffe eft prefque nue. Son cou eft orné d'un colier & fon bras gauche d'un braffelet. Elle porte

ſes mains ſur l'épaule gauche de ſon
Amant,& commence à le déſarmer.
Il y a derriere le Dieu de la Guerre
un cheval richement harnaché
dont un petit Amour tient la bride.
Le fond du Tableau eſt un Paiſage.

⸢ LA MORT D'ADONIS.

Ovide
Metam,
Liv. 10

Peint ſur toile, haut de ſept pieds un pouce,
large de cinq pieds quatre pouces.
Fig. de grandeur naturelle.

La Scéne du Tableau eſt un Paiſage. Adonis bleſſé eſt couché ſur
des fleurs, la tête ſoutenue par l'A-
mour, le bras droit étendu, & le
gauche apuié ſur la main droite de
Vénus, qui le regarde avec une
forte expreſſion de douleur. Ils ont
chacun une draperie volante, celle
d'Adonis eſt d'un jaune clair, celle
de Vénus eſt bleue & s'étend ſur A-
donis, cette Déeſſe a le bras gauche nu, & la main par deſſus ſa
draperie poſée ſur la cuiſſe d'Adonis. Le Carquois de l'Amour eſt
ſuſpendu, à un tronc d'arbre au

La Reîne
de Suede.

deſſous paroît le bout du dard d'A-
conis. Il y a derriere Vénus un gros
chien dont on ne voit que la tête.
On aperçoit à gauche dans l'ombre
des arbres le ſanglier, à qui un petit
Amour qui vole, vient de tirer une
fléche. On voit au deſſus de Vénus
un Amour qui deſcend, & tout au
haut à gauche le char de la Déeſſe.

Ovide
Metam.
Liv. 2.

MERCURE ET HERSE'.

Peint ſur toile, haut de ſept pieds un pouce,
large de cinq pieds quatre pouces.
Fig. de petite nature.

La Reine
de Suede.

La Scéne du Tableau qui en fait
le fond, repréſente une chambre ornée d'Architecture d'Ordre Corinthien avec une Statue de bronze
dans une niche, & un rideau à moitié tiré. Herſé eſt aſſiſe à droit, le
bras gauche apuié ſur une baluſtra-
de & la main droite poſéc ſur un livre de muſique, qui eſt ſur le bord
d'une table couverte d'une étofe à
fleurs. Elle a une draperie bleue ſur
ſa chemiſe, qui laiſſe voir une par-

tie de fa gorge. A fes pieds eft un petit épagneul blanc & roux, & à côté un bouquet de rofes blanches. Mercure eft à gauche aiant une draperie volante d'une étofe verte & tenant fon Caducée par la vertu duquel il a ouvert la porte & repouffé Aglaure qui jaloufe de l'amour de ce Dieu pour fa fœur, avoït voulu l'empêcher d'entrer, elle eft tombée & fe change en pierre. A côté de Mercure paroît le bout d'un lit avec un pilier figuré en Sphinx. Sur la bafe du baluftre à droit on lit, PAULVS CALIA VERONESIS FA.

MARS ET VENUS LIES PAR L'AMOUR.

Peint fur toile, haut de fix pieds trois pouces, large de cinq pieds.
Fig. grandes comme nature.

Mars en Guerrier avec une draperie pourpre, fon cafque à fes pieds, eft affis fur une efpéce de focle, il a le corps un peu panché foutenant fa draperie par derriere

La Reine de Suede

de la main, & tenant de la droite
un bout de celle de Venus. Cette
Déeffe eft nue, a un colier, des
pendans d'oreilles, des bracelets,
& fa riche ceinture paffée en
écharpe. Elle a une main fur fa
gorge, & l'autre apuiée fur l'é-
paule de ce Dieu. Un Amour lie
leurs jambes gauches enfemble,
un autre à droit tient l'épée & le
ceinturon de Mars. Son cheval eft
blanc, & paroît ataché à un arbre
avec fa bride. On voit derriere Vénus fa chemife fur un treillage. Le
fond du Tableau repréfente un Paifage avec fabrique.

UN PORTRAIT DE FEMME.

Peint fur toile, haut de trois pieds deux pouces, large de deux pieds fix pouces.
Fig. de grandeur naturelle.

On croit que c'eft la Fille de Paul
Véronefe. Elle eft jufqu'aux genoux, coëfée en cheveux & a
une fraife, fa chemife & fa jupe
font d'une étofe à raies bleues &

*M. de
Haute-
feuille.*

blanches, & celle du corset & du bas de robe est d'un bleu changeant. Au bas du Portrait est un petit chien blanc & roux semblable à celui qui est dans le Tableau d'Aglaure & d'Hersé. Un rideau vert fait le fond du Tableau.

PAUL VERONESE.
ENTRE LE VICE ET LA VERTU.

Peint sur toile, haut de six pieds huit pouces, large de cinq pieds deux pouces.
Fig. de grandeur naturelle.

Ce Peintre s'est représenté lui-même dans ce Tableau. Il est vetu *La Reine de Suede.* de blanc: voulant éviter le vice qui s'éforce de le retenir, il se jette entre les bras de la vertu qui le tire ; elle est représentée par une femme couronnée de laurier, qui a une robe verte avec une espéce de mante violette. Une autre femme bizarement habillée, & assise sur un Sphinx, donne l'idée du vice aiant des ongles de harpie, & tenant par derriere un jeu de cartes de la main gauche. Le fond du Tableau eft un Paifage. Au haut à gauche on lit dans le chapiteau d'une colonne formée par une Caraide, cesmots: *Honor & Virtus poft mortem flore.*

LA SAGESSE COMPAGNE D'HERCULE.

Peint fur toile, haut de fix pieds huit pouces, large de cinq pieds deux pouces
Fig. de grandeur naturelle.

La Reine de Suede. C'eft une femme, aiant un ve-tement rouge avec une magnifique draperie par deffus, & pour chauf-fure de fimples brodequins qui laiffent voir le bout de fes pieds, dont le droit eft fur un globe, & le gauche fur une riche poignée d'é-pée qui fait partie d'un amas de couronnes & de fceptres garnis de pierreries; elle a un foleil fur la tê-te & regarde le Ciel. Hercule eft à côté d'elle couvert de fa peau de lion & apuié fur fa maffue; on voit à côté un petit Amour qui femble vouloir tirer une épée. Le fond eft d'Architecture avec un ri-

deau jaune , & un paifage à gauche. On lit fur le focle d'une colonne : *Omnia vanitas.*

QUATRE TABLEAUX,

Qui plafonnent, placés fur les quatre deffus
de porte du Salon. Ce font autant de Sujets
allegoriques que chacun explique felon fa
manière de penfer ; peut-être font-ils rela-
tifs aux diférentes révolutions aufquelles
font fujets bien des Mariages, où le Refpect, l'Amour, le Degoût & l'Infidelité fe
fuivent affez ordinairement : les têtes de
l'homme & de la femme font les mêmes dans
tous, & les Figures font un peu plus grandes
que nature.

I.

LE RESPECT.

Peint fur toile , haut de fix pieds , large de fix
pieds.

Une femme eft couchée & dort
fous un pavillon rouge ; un homme habillé de jaune avec une draperie volante d'une étofe verte, fait
voir par fon atitude qu'il arrive ,
& qu'il veut fe retirer par refpect,
l'Amour le regarde & le retient de
la main droite par la garde de fon
épée , tenant de la gauche une flé-

La Reine de Suede.

che dont il femble vouloir piquer la femme endormie. Tout au bord du Tableau eft une Figure bifarement vetue. Le fond eft un Paifage avec une arcade ornée de Mofaïque.

II.

L'AMOUR.

Peint fur toile, haut de cinq pieds dix pouces, large de cinq pied dix pouces.

On voit une femme richement vetuë avec de longs cheveux, un genou fur une eftrade, acompagnée d'un homme habillé de vert avec une draperie jaune tenant enfemble une branche d'olivier pour marquer l'union. Vénus affife fur un globe, une corne d'abondance à côté, aiant un voile volant, & caractérifée par une riche ceinture, tient une couronne de Mirthe au deffus de la tête de la femme. Un enfant nu eft à droit, qui badine avec un gros chien noir & blanc. Le fond du Tableau eft Architecture & Paifage.

III.

LE DEGOUST.

Peint fur toile, haut de cinq pieds dix pouces,
large de cinq pieds dix pouces.

Un homme nu, une fimple draperie lui couvrant le haut des cuiffes, eft renverfé & a les bras étendus, comme pour demander grace à l'Amour qui a un pied fur lui,
& qui le châtie avec fon arc; on
voit à gauche deux femmes vetues
diféremment, qui fe retirent avec
une forte d'indignation, la plus
belle & la plus parée a la gorge découverte, & met fa main gauche
dans la droite de l'autre, qui tient
un rat blanc. Le fond du Tableau
eft un Paifage avec de l'Architecture à droit ornée de Statues.

IIII.

L'INFIDELITE',

Peint fur toile, haut de fix pieds, large de fix
pieds.

Une femme nue & vue par le

dos, avec un colier de perle &
des bracelets, eft affife fur une draperie d'une toile blanche doublée
de verd, & fe trouve placée entre
deux hommes de façon qu'elle les
cache l'un à l'autre, elle regarde
celui qui eft à fa gauche & lui donne une lettre, elle a le bras droit
fur la tefte de l'autre homme qui
lui tient la main, ce dernier qui
eft fans doute le Mari eft affis de face fur le devant du Tableau. A
gauche il y a deux enfans nus dont
un tient la jambe de la femme. Le
fond du Tableau eft un Paifage.

MARS ET VENUS.

Peint fur toile, haut de quatre pieds quatre
pouces, large de trois pieds quatre pouces.
Fig. de petite nature.

Le Duc de Modene. Cette Déeffe a une draperie rouge qui lui couvre les cuiffes. Elle
eft affife, tient un dard de la main
droite, & a la gauche fur la tête
d'un Amour qui eft à fes pieds, &
lui foutient le bras. Elle a la jambe

droite fur le genou de Mars qui l'embraffe, aiant le bras gauche paffé derriere elle, & lui reléve fa fa chemife jufques deffous fa gorge qu'il regarde. Le même petit chien blanc & roux que Paul Véronefe a mis dans plufieurs de fes Tableaux joue avec le petit Amour, & à gauche dans le coin on voit les deux pigeons de Venus.

L'EMBRASEMENT DE SODOME.

Peint fur toile, haut de deux pieds onze pouces, large de trois pieds huit pouces.
Fig. d'environ 20 pouces.

La Scéne du Tableau eft un Paifage, Les deux Filles de Lot font fur le devant avec un Ange qui les conduit, alant tous trois à la file, l'Ange dans le milieu. La prémiere eft tournée de fon côté & regarde fa Sœur, aiant la main droite fur fa tête. Elle a une efpéce d'écharpe à laquelle tient un panier qu'elle a pofé fur une voute qui paroit former l'entrée d'une caverne

M. de Liancourt

gardée par un gros chien, & a la main gauche dans ce même panier. Elle a ce tems - là, parce que fa Sœur marchant fur des pierres, a arêté l'Ange, qui la foutient pendant qu'elle fe baiffe pour débaraffer fa jupe qui étoit prife, ce qui fait paroître fon pied gauche. Lot les fuit, acompagné d'un autre Ange qui le preffe d'avancer. Dans l'éloignement on voit fa Femme changée en Statue de Sel, & tout dans le lointain Sodome en feu.

Exod.
c. XXVII
v. XXII.
LES ISRAELITES SORTANT D'EGYPTE.

Peint fur toile, haut de deux pieds onze pouces, large de trois pieds huit pouces.
Fig. dans la proportion de vingt pouces.

M. de Liancour Le fond du Tableau repréfente à droit le Palais de Rameffès, & à gauche une place ornée d'Architecture avec deux colonnes & un entablement qui porte un piedeftal fur lequel eft élevée une Statue, le refte eft un Ciel. Sur le devant il y a un homme qui tient un feau

& un panier, un autre homme
chargé d'un gros paquet fur fa tête
defcend les dégrés avancés du Palais, fuivi d'une femme qui porte
une cruche, & au bas du péron eft
une autre femme qui lie des matelas entortillés dans une toile. Derriere à droit on voit quantité
d'hommes & de femmes fortant du
Palais avec des paquets, & dans le
lointain à gauche plufieurs autres
Ifraelites auffi chargés qui traverfent la place.

LE JUGEMENT DE SALOMON.

Peint fur toile, haut de cinq pieds trois pouces, large de neuf pieds fept pouces.
Fig. de petite nature.

Les Rois
L. III.
c. III.
v. XXV.

Ce Roy vetu d'une riche robe,
aiant une efpéce de turban avec
une couronne, & tenant fon fcep-
tre de la main droite, eft fur fon
trône fous un pavillon d'écarlate.
Deux vieillards font affis à fes côtés, & aux pieds de celui qui eft à fa
droite il y a un homme à genoux

Le Duc de
Medine.

apuié fur les degrés du trône qui
tient un papier dans lequel il paroît lire. La vraie Mere eft à genoux fur le prémier degré, & marque par la douleur de fon vifage
tourné du côté de Salomon, &
par fes bras ouverts qu'elle aime
mieux céder fon enfant que de le
voir couper en deux, comme un
homme bizarement vetu qui le
tient par un pied, la tête en en
bas, femble être prêt à faire : au
lieu que cette cruelle fituation ne
paroît point toucher la fauffe Mere
qui eft derriere auffi à genoux. Les
Oficiers de Salomon, deux Gardes & des fpectateurs rempliffent
le refte du Tableau dont le fond re-
prèfente un veftibule qui eft foutenu par des pilaftres canelés & des
colonnes avec leurs piedeftaux, &
laiffe voir dans le lointain un Temple d'une Architecture magnifique
avec un Ciel.

MOYSE

MOYSE SAUVÉ.

Exode ch. 2

Peint fur toile, haut de fix pieds trois pouces,
large de fept pieds dix pouces.
Fig. de petite nature.

Une femme affife à terre tient
Moyfe fur fes bras. La Fille de Pharaon, richement vetue avec une
couronne à fleurons perlés, eft tout
proche, acompagnée de deux femmes : l'une la foûtient, & elle apuïe
fon bras droit fur l'épaule de l'autre, qui porte un panier de fleurs.
Un nain Nègre lui porte la robe,
tenant fous fon bras gauche un bichon noir & blanc. Cette Princeffe
a les yeux atachés fur la Mere de
Moyfe, qui eft à moitié à genoux,
le fein tout découvert, tenant le
bout de fon téton pour montrer
qu'elle eft prête de donner à teter à
l'enfant. Il y a tout proche une jeune
fille, qui eft Marie Sœur de Moyfe,
& derriere deux femmes, dont une
eft une Morefque, qui parlent enfemble. De l'autre côté à gauche

M. de Hautefeuille.

R

est une autre femme, les jambes
nuës, qui tord sa chemise qu'elle
avoit mouillée en allant prendre
dans le fleuve parmi des roseaux le
panier où étoit Moyse. Du même
côté dans le lointain est une Ville
avec un pont sur lequel il y a des
maisons, & il en paroît d'autres à
travers les arches, mais bien au-
delà, avec plusieurs Figurines. Fort
en-deçà du pont on voit un carosse
tout ouvert à l'Italienne atelé de
deux chevaux blancs. Le fond du
Tableau représente un Paisage.

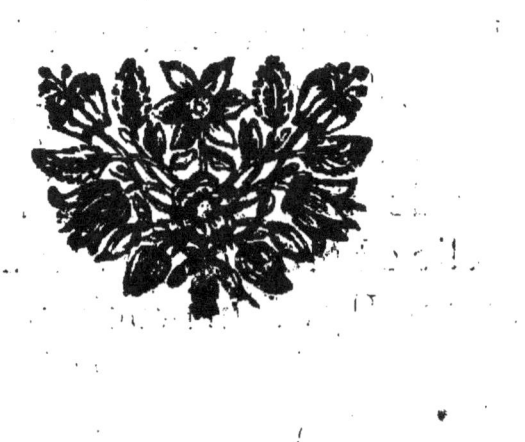

PIERRE BUONACORSI.

IL eſt ſingulier que ce Peintre ait tellement perdu de ſon vivant ſon nom propre avec celui de famille, qu'il ne ſoit connu que ſous ceux de Perin del Vague, le prémier lui aiant été donné dans ſon enfance par une mignardiſe, & le ſecond étant celui du Maître qui le mena à Rome. Il eut pour Pere un Soldat, & aiant perdu ſa Mere à deux mois, une chévre l'alaita. Dès qu'il put faire quelque choſe, ſes Parens le mirent à Florence chez un Epicier, où s'étant ataché à porter aux Peintres les couleurs & les pinceaux dont ils avoient beſoin, ce fut pour lui une ocaſion de deſſiner ; en ſorte qu'en peu de tems il devint le plus habile des Etudians de Florence. Il alla enſuite à Rome avec un Peintre médiocre nommé Vaga. Lorſ-

R ij

qu'il y fut arivé, il partagea fon
tems en deux ; une partie de la fe-
maine il travailloit pour les Peintres, & il emploioit l'autre à deffiner pour lui. Cette conduite l'aiant
rendu très-capable dans cette partie, il ne fut pas long-tems à être
connu de Raphael. De tous les Difciples de ce grand Peintre il n'y en
a point eu qui ait fuivi fon Gout a-
vec plus de hardieffe & de grace ;
il entendoit fort bien les ornemens
& avoit un Génie fingulier pour
décorer les lieux felon leur ufage.
Il a beaucoup peint à Pife, à Gen-
nes, à Florence & à Rome où il
mourut fubitement en 1547. âgé
de quarante-fept ans.

SAINT JEROSME.

Peint fur toile, haut d'un pied cinq pouces,
large d'un pied fept pouces.
Fig. d'environ dix-huit pouces.

Ce Docteur de l'Eglife eft nu,
aiant une fimple draperie au milieu du corps, & eft couché fur la

terre, comme un homme qui ſe
meurt. Au haut du Tableau paroît
un Ange qui ſonne de la trompete.
Le fond eſt un Paiſage.

PIERRE BRUGLE,
APELLE' LE VIEUX BRUGLE.

BRughel village auprès de Breda lui a donné fon nom. Il étoit fils d'un paifan, & fut Difciple de Pierre Koeck dont il époufa la Fille. Il vivoit en 1565.

Il a traité toute forte de Sujets, s'atachant particulierement à repréfenter des Jeux, des Danfes, des Noces & d'autres Affemblées de Paifans, parmi lefquels il fe mêloit fouvent, afin de mieux remarquer leurs actions. Il a étudié le Paifage dans les Montagnes du Frioul. Comme il étoit ordinairement habillé de velours il a été furnommé de Velours.

UN PAISAGE.

Point fur cuivre, haut de fept pouces & demi, large d'onze pouces & demi.

Le milieu de ce Paifage repréfente un chemin montueux où l'on est obligé de poufser un chariot ; à gauche tout fur le devant eft une femme à cheval qui tient un panier.

UNE MUSIQUE DE CHATS.

Peint fur cuire, haut de deux pouces & demi, large de trois pouces & demi.

Ce font des chats qui chantent devant un Livre noté au verfo, & repréfentant au recto des fouris avec un rat. Un chat accompagne avec une trompete. On voit fur le devant une baffe de viole, un haut-bois, un violon & des livres. Le fond eft brun.

LE GRAND CHEMIN.

Peint fur cuivre, haut d'un pied & demi pouce, large d'un pied & fix pouces.

Ce Paifage repréfente un grand chemin rempli de chariots d'Hollande couverts & découverts, & fur le devant des gens à cheval avec des vaches.

R iiij

PIERRE DE LAER,
DIT
BAMBOCHE.

IL étoit né à Harlem. Quoique la nature lui eût donné un merveilleux Génie pour son Art, il n'a cependant peint qu'en petit. Dans le long séjour qu'il fit à Rome jusqu'en 1639. il s'atira l'amitié & l'estime des prémiers Peintres par son esprit & par sa douceur. Les Italiens lui donnerent le nom de *Bamboccio* à cause de sa figure extraordinaire, aiant les jambes fort longues, le corps très-court, & la tête enfoncée dans les épaules. Il mourut à Harlem âgé de soixante ans, s'étant laissé tomber dans un fossé où il se noia.

DES ENFANS

Peint sur toile, haut de deux pieds un pouce,
large d'un pied huit pouces.

Ce Paisage représente des ruines avec un aire sur le devant où sont des enfants qui se jettent des pierres.

DES SBIRES

Peint sur toile, haut d'un pied onze pouces ;
large d'un pied sept pouces.

C'est un Paisage qui représente à droit une ruine percée en arcade qui laisse voir dans le lointain des arbres avec des Figurines. A l'entrée & devant sont des Sbires qui aretent des enfans. On en voit un sur le devant qui se sauve & le Sbire qui court après.

LA BELLE FOIRE.

Peint sur cuivre, haut d'un pied, large d'un
pied sept pouces & demi.

On voit dans ce Paisage sur une hauteur une Eglise d'où sort une

R v

Proceſſion,& unePlace ſur le devant
où ſe tient la Foire ſous des tentes.
On voit entr'autres un Aracheur de
dens & deux Jéſuites à gauche.Il y a
dans la foule un Suiſſe qui a une livrée, & tient une halebarde. On
lit dans les angles du quaré du Ca-
dran du clocher A°. 1629.

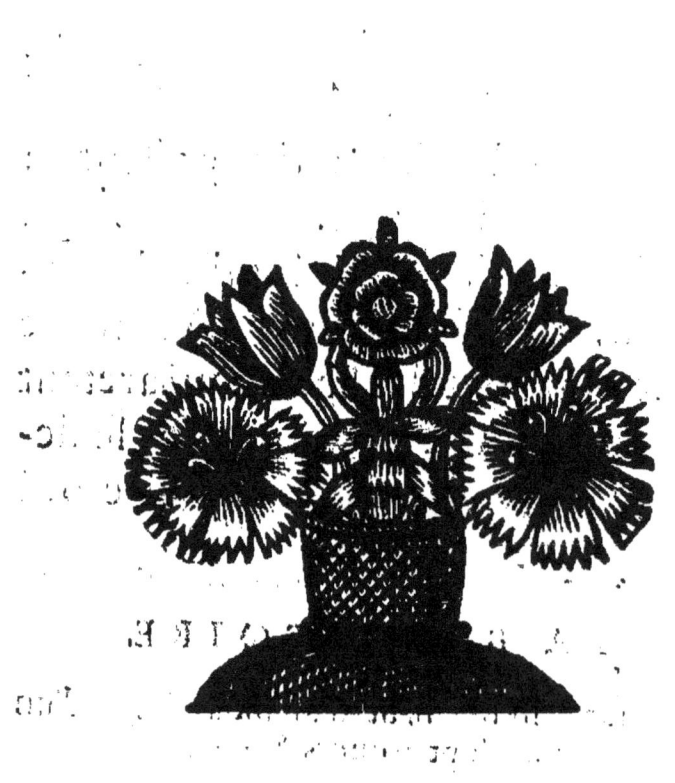

PIERRE LELL.

IL étoit de Weftphalie, fils d'un Capitaine & fut élevé en Hollande, où il eut Grebber pour Maître. En 1641. il paffa en Angleterre, y fit beaucoup de Paifages, & s'atacha enfuite au Portrait où il réuffit. Il fut prémier Peintre du Roy Charles II. qui le fit Chevalier. Il mourut d'apopléxie en 1680. âgé de foixante & quatre ans.

LA REINE D'ANGLETERRE.

Peint fur bois, haut d'onze pouces, large de neuf pouces.

Elle a une robe de Cour bleue, dont le corps eft garni de diamans avec une ceinture de même. Elle eft coëfée en cheveux ajuftés avec des perles, & a un colier & des boucles d'oreille auffi de perles. Elle eft affife dans un fauteuil acôtée fur

R vj

une table où il y a la Couronne
d'Angleterre, & tient un bouquet
de fleurs.

PIERRE FRANÇOIS MOLE.

IL étoit de Lugano & a été Difciple de l'Albane dont il a pris
affez la Maniere, mais fon Coloris eft moins clair. Il mourut fubitement en 1565. âgé de cinquante-
fix ans.

UN REPOS EN EGYPTE

S. Mat.
c. 2. v. 14.

Peint fur toile, haut de onze pouces & demi,
large d'un pied cinq pouces & demi.
Fig. dans la proportion de quatre pouces
& demi.

C'eft un Paifage où l'on voit à
gauche la Vierge affife tenant l'Enfant Jefus qui paroît dormir. Trois
Cherubins portés fur des nuées font
proche de la Vierge & à fa droite
eft Saint Jofeph qui fe repofe. Son
bâton eft à côté de lui & aux pieds
de la Vierge il y a un paquet. A
une affez grande diftance derriere
Saint Jofeph eft fon âne qui broute.

A droit du Tableau on aperçoit tout dans le lointain un Berger avec son troupeau.

ARCHIMEDE

Peint sur toile, haut de trois pieds onze pouces, large de trois pieds.
Fig. de grandeur naturelle.

Ce grand Mathématicien est baissé tenant un compas ouvert comme pour tracer des lignes sur la terre, & aiant la main gauche sur un globe, regarde dans un livre qui est devant lui. Un Soldat Romain qui paroît lui parler lui enfonce son épée dans le cou. Le fond du Tableau est un Ciel.

PRÉDICATION DE SAINT JEAN.

S. Mat.
h. III.
III.

Peint sur toile, haut de deux pieds trois pouces, large de trois pieds.
Fig. dans la proportion de dix-huit pouces.

V. B. de
reteuil,

La Scéne est un Païsage. Saint Jean est à gauche sur le devant vetu de sa peau de chameau avec une draperie d'écarlate par deſſus. Il eſt aſſis ſur une mote de terre montrant le Ciel de la main gauche, & ſon agneau eſt proche de lui. Les auditeurs ſont devant lui ſur diférens plans & dans des atitudes très-variées. Celui qui eſt plus ſur le devant a un turban blanc & eſt aſſis à terre de côté témoignant beaucoup d'atention : un peu derriere du même côté eſt un homme à cheval qui a un aigrete à ſon turban & eſt auſſi fort atentif.

AGAR ET ISMAEL.

Peint ſur cuivre, haut de dix pouces, large
d'un pied un pouce.
Fig. dans la proportion de cinq pouces.

La Scene du Tableau eſt un Païſage avec fabrique. On voit ſur le devant Agar, & à une petite diſtance Iſmaël couché à terre, y aiant une cruche renverſée à côté de lui pour marquer qu'ils manquent d'eau. Agar un genou en terre & les bras ouverts regarde un

M. de Nanteri,

Ange qui paroît lui montrer une
fontaine derriere un hameau. Tout
dans le lointain on aperçoit deux
Figurines.

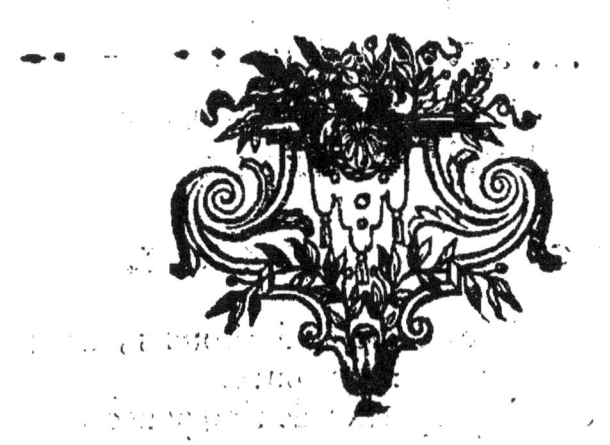

PIERRE PÉRUGIN.

IL y a peu d'exemples d'une pauvreté pareille à celle dans laquelle naquit ce Peintre : mais elle ne lui fut pas inutile, l'aiant acoutumé aux peines & aux souffrances ausquelles il fut exposé pour profiter. Il étoit de Perouse & fut donné à un Peintre peu habile dont tout le mérite consistoit à élever fort haut son Art, & ceux qui y exceloient, parlant toujours du profit & de l'honneur que procuroit la Peinture : ce qui encourageoit peu son Disciple, qui ne cessoit point de lui demander en quelle Ville on aqueroit cette capacité, & il lui répondoit toujours que c'étoit à Florence. Dans cette vue il se détermina à y aller, & réussit d'autant plus que les Peintures de sa Maniere étoient très-estimées. Il se fit Disciple d'André Verro-

chio & eut bientôt une grande réputation. Il fit quantité d'ouvrages,
& gagna beaucoup de bien à Florence, & à Rome où il travailla pour
Sixte IV. Il se retira dans sa Patrie,
continuant toujours de peindre, &
y mourut âgé de soixante & dix-
huit ans en 1524.

Quelque célébre qu'ait été le
Pérugin, sa capacité étoit trop
bornée pour qu'il n'eut pas été
confondu avec les Peintres de ces
prémiers tems, s'il n'avoit pas eu
la gloire d'être le Maître de Raphael.

ADORATION DE NOTRE SEIGNEUR.

Peint sur bois, haut de deux pieds neuf pouces, large de deux pieds trois pouces.
Fig.

Trois femmes en pied contem-
plent & adorent l'Enfant-Jesus qui
est mis à terre dans l'angle gauche.
Le fond est un Paisage.

LA VIERGE ET L'ENFANT JESUS.

Peint fur bois, haut de deux pieds fept pouces, large de deux pieds un pouce.
Fig. dans la proportion de 20 pouces.

Un Paifage fait le fond de ce
Tableau. La Vierge eft en pied regardant l'Enfant Jefus qu'une jeune fille tient. On en voit une autre
à droit de la Vierge. Elles ont toutes trois le cercle de Sainteté.

UNE DESCENTE DE CROIX.

Peint fur bois, haut de cinq pieds, large de
cinq pieds trois pouces.
Fig. de petite nature.

Notre Seigneur eft fur les genoux de la Vierge, & la Madeleine
eft à fes pieds. On voit derriere J.C.
deux jeunes hommes & derriere la
Madeleine un vieillard. Le fond
du Tableau eft un portique avec
un Paifage.

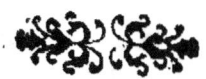

PIERRE PAUL RUBENS.

QUoique la Famille de ce grand Peintre fût ètablie à Anvers, il naquit cependant à Cologne. Il eut pour Pere Jean Rubens qui étoit d'une extraction noble & que les Guerres Civiles avoient obligé de quiter sa Patrie. Il eut un grand soin de l'éducation de son Fils qui le perdit avant que d'avoir achevé ses études ; en sorte que ses Parens étant retournés à Anvers, il les y continua. Ce fut alors que cédant à son inclination pour le Dessin auquel il s'amusoit souvent, il voulut en savoir les principes. Son prémier Maître fut Van Oort, qu'il quita au bout d'un certain tems pour aller chez Otho Vénius habile Peintre, & hommes de Belles Lettres. La prémiere vuë de Rubens étoit d'aprendre pour son plaisir, mais la force de son penchant jointe aux pertes qu'il avoit faites pendant les Guerres, l'atacha tellement à la Peinture qu'il en fit sa profession. Il ne fut pas longtems à égaler son Maître, & voulant s'avancer d'avantage, il alla en Italie & s'areta d'abord à Venise, où il se fit dans l'Ecole du Titien des Principes solides pour le Coloris. De là il passa à Mantoue,& ensuite à Rome. Aiant demeuré ainsi sept ans en Italie à étudier sa profession; la nouvelle de l'extremité où étoit sa Mere, le rapela à Anvers, mais il la trouva morte à son arrivée. Les belles choses qu'il faisoit, lui aiant aquis une grande réputation : Marie de Médicis le fit venir à Paris pour peindre la Galerie du Luxembourg.

Dans le même tems la solidité & la pénétration de son esprit engagerent l'Archiduchesse Isabelle à le faire nommer Ambassadeur d'Espagne en Angleterre où il conclut la Paix entre Philippe IV, & Charles I. Il passa ensuite en Espagne, pour y rendre compte de sa

Commiffion, y fit les Portraits de
la Maifon Royale, & revint dans
fa patrie honoré de la Charge de
Secretaire d'Etat qu'il exerça fans
quiter pour cela la Peinture. Une
goute remontée lui caufa la mort
en 1640. à l'âge de foixante & trois
ans.

Rubens étoit univerfel, & faifoit également l'Hiftoire, les Portraits, le Paifage & les Animaux.
Sa Compofition eft grande, les Objets qu'il y fait entrer font ingenieu-
fement inventés : comme il avoit
l'efprit fort éclairé, il a fû fe fervir
habilement des idées de la Poéfie,
fes Allufions font auffi favantes
qu'intelligibles. Il y a dans l'expreffion de fes Sujets une force &
une néteté mélées de grandeur &
de nobleffe. Ses Atitudes font fimples & naturelles, fes Draperies
fout ajuftées de bon gout, fon Coloris eft admirable, il a poffedé au
prémier dégré la fcience du Clair-
obfcur : fes Ouvrages font autant

de regles pour cette partie, alliant
les opositions des ombres & de la
lumiere avec une telle harmonie
que ses Figures paroissent faites
d'un même coup de pinceau.

L'élégance du Dessin & les belles formes naturelles ont man-
qué à Rubens. Il a fait ses ouvrages sur une même idée qui a dége-
neré en pratique même commune
& la liberté de son pinceau l'a souvent empêché d'estre correct dans
les choses où la nature le demande.
Sans ces défauts Rubens n'auroit
peut-estre esté surpassé d'aucun
Peintre. Il laissa deux Fils de sa
seconde femme, dont un avoit à
sa mort la survivance de sa Charge
de Secretaire d'Etat.

DOUZE ESQUISSES.

Peintes sur bois, la plus haute a un pied
dix pouces, & la plus large deux pieds.

Ces Esquisses qui ont été exe-
cutées en Tapisseries, sont très-
précieuses, faisant voir l'abondan-
IV

ce de la veine de ce grand Peintre.
Elles repréſentent les principaux
Sujets de l'Hiſtoire de Conſtantin.

I.

Ce prémier Empereur Chrétien
aperçoit en l'air le Signe de la
Croix.

II.

Le Labarum.

III.

Le Paſſage des Alpes.

IV.

La Défaite de Maxence.

V.

La Victoire qui couronne Conſtantin.

VI.

VI.

L'Entrée triomphante de Conſtantin dans Rome.

VII.

Conſtantin voit le Plan de Conſtantinople.

VIII.

Le Mariage de Conſtantin.

IX.

La Renommée couronne ce Grand Empereur.

X.

Il adore la Vraie-Croix.

XI.

La Converſion de Conſtantin.

S

XII.

Son Baptême.

⌣ THOMYRIS.

Peint fur toile, haut de fix pieds trois pouces,
large de dix pieds dix pouces.
Fig. de grandeur naturelle.

La Reine   Cette Reine vetue d'une riche
de Suede. étofe blanche doublée de jaune,
aiant un grand voilé qui laiffe voir
fon diadême, regarde la tête de
Cyrus, qu'un efclave a plongée
dans une cuvete remplie de fang.
On voit une femme à côté de Tho-
miris, & trois autres derriere entre
lefquelles il y a une vieille. La
partie à droit du Tableau repréfente des foldats & des fpectateurs,
& fur le devant du même côté un
gros chien. Le fond du Tableau à
gauche eft un pavillon avec des colonnes torfes. Le refte eft un Ciel.

LA CONTINENCE DE SCIPION.

Peint fur toile, haut de fix pieds fix pouces,
large de onze pieds deux pouces.
Fig. de grandeur naturelle.

Scipion l'Affriquain âgé de vingt- *La Reine de Suede.*
quatre ans, après la Conquête de
la nouvelle Carthage, maître d'u-
ne belle fille de grande qualité, qui
s'étoit trouvée parmi les Oftages
que les Carthaginois avoient ren-
fermés dans cette Ville, aiant fçû
qu'elle étoit promife à Indibilis Seigneur Celtiberien, il l'envoia
chercher avec les parens de la fille,
la leur remit, & voulut que l'argent
deftiné pour fa rançon, fervît à aug-
menter fa dot.

Scipion eft dans un Trône en habit militaire, Indibilis & fa Fian-
cée font devant ce vertueux Romain, & fe donnent la main. Indibilis eft habillé de bleu, fon Epou-
fe eft vetue de blanc, aiant une efpéce de mante écarlate que lui portent deux femmes. Le vieillard &

S ij

la vieille qui font près d'elle paroiffent être fes Pere & Mere, les
autres Perfonnages du Tableau
font de l'Armée de Scipion. Le
fond du Tableau eft une galerie
ornée de ftatues avec des colonnes
qui forment des arcades, dans l'u-
ne defquelles on aperçoit des Gardes.

Plutar-
que.

L'AVENTURE DE PHILOPOEMEN.

Peint fur toile, haut de huit pieds, large de
neuf pieds deux pouces.
Fig. de grandeur naturelle.

La Scéne du Tableau repréfente
la cuifine d'une hotellerie garnie de
toute forte d'uftenciles. On voit un
veau, une oie, un paon nouvelle-
ment tués, & d'autres viandes frai-
ches avec quantité de légumes.
Philopœmen dans l'action d'un
homme qui fend du bois eft arrêté
par une vieille femme qui reconnoît fa méprife par l'étonnement
que marque fon mari, le Maître
de l'hotellerie. La cuifine avec un

bout de Païsage à gauche fait le fond du Tableau.

ʋG A N Y M E' D E.

Peint fur toile , haut de fept pouces , large de fix pieds dix pouces.
Fig. dans la proportion du naturel.

Un Ciel rempli de nuées fait le fond du Tableau dont le principal objet eſt Ganymede porté par l'aigle qui a les ailes étenduës. Ce Favori de Jupiter aiant une fimple draperie rouge fuiante qui revient un peu pardevant, a la tête tournée & tient de la main gauche une taſſe qu'il femble donner à deux Zephirs. Au haut du Tableau à droit paroît l'Olimpe avec tous les Dieux dans des atitudes diférentes. Ganymede & l'aigle font de grandeur naturelle.

MARS ET VE'NUS.

Peint fur toile, haut de fix pieds deux pouces, large de quatre pieds un pouce.
Fig. de grandeur naturelle.

La Mere de l'Amour eft affife
fur un lit de repos, une draperie
bleuë lui cachant le haut des cuiffes. Ses cheveux font atachés avec
des cordons de perles, & elle a un
voile qui lui couvre l'épaule droite, & eft lié fur fon bras avec un
braffelet de pierreries. Elle fe preffe
la mamelle gauche & en fait fortir
du lait fur le vifage de l'Amour qui
la tient par le bras gauche, & a
une jambe fur fa cuiffe. Mars fans
cafque, aiant une cuiraffe qu'un
petit Amour lui acomode par derriere, & fon bouclier à côté de lui,
eft affis fur le même lit de repos,
contemplant Vénus. Sous les pieds
de cette Déeffe on voit le carquois
de l'Amour. Le fond du Tableau
repréfente à gauche de l'Architecture, & à droit un rideau rouge.

DIANE REVENANT DE LA CHASSE.

Peint fur toile, haut de fix pieds fept pouces,
large de fept pieds cinq pouces.
Fig. de grandeur naturelle.

Diane vetue de rouge & fuivie
de fes compagnes avec des chiens
ocupe le milieu du Tableau. Elles
ont toutes des piques & une d'elles
porte au bout de la fienne fur fon
épaule un liévre. Elles font dans l'a-
titude de perfonnes qui marchent.
Silene chargé de raifins & de fruits
vient au-devant d'elles, acompagné
d'un homme qui a un gros panier
de fruit qu'il préfente à la Déeffe.
Deux petits enfans font à côté du
Nouricier de Bacchus. Le fond eft
un Paifage.

LE JUGEMENT DE PARIS.

Peint fur bois, haut de quatre pieds cinq pouces, large de cinq pieds onze pouces.
Fig. de deux pieds & demi.

Ce Berger à moitié nû, n'aiant *Le Card-*
nal Ri-
qu'une fimple draperie eft affis au *chelieu.*

S iiij

pied d'un arbre. Il tient de la main droite la Pomme d'Or & de la gauche sa houlete. Son chien est couché sous lui. Mercure est à sa droite derriere l'arbre, & le touche de son caducée. Les trois Déesses nuës se présentent à Paris rangées en file. Junon est la prémiere, elle est entierement tournée, & a une draperie pourpre qu'elle retient par derriere, ensorte que la moitié de son corps est presque cachée : elle est caracterisée par son paon qui est à ses pieds. Vénus est après de profil, & reconnoissable à ses graces, & à la richesse de sa coëfure. Pallas est la derniere toute de face, ôtant sa chemise par dessus sa tête, action pour laquelle elle témoigne sa répugnance par son air : elle a un bout de linge par devant ; son Egide est à côté d'elle, & son casque est à ses pieds. Il y a dans le coin à gauche un petit Amour baissé qui paroît ôter sa chemise & badiner avec. Un Paisage fait le fond du Tableau.

On y voit au haut la Difcorde, & proche deParis deux moutons avec un troupeau dans le lointain.

L'HISTOIRE DE SAINT GEORGES.

Peint fur toile, haut de quatre pieds fept pouces, large de fept pieds.
Les Fig. dans la proportion de dix-huit
pouces.

La Scéne du Tableau eft un Pai- *Le Car-*
fage qui repréfente une grande ri- *dinal Ri-*
viere, une ville à gauche qui fait *chelieu.*
une avance en pointe dans l'eau,
& un marais fur le devant avec des
arbres fort hauts ; à droit S. Georges eft en pied armé de toutes piéces avec une écharpe rouge. Il eft
découvert, & préfente à Cleode-
linde, Fille du Roi de Lydie, des
cordons dont il a lié le Dragon qui
perd fon fang & fur lequel il marche. La queuë de ce monftre paffe
derriere la Princeffe & ateint trois
filles de fa fuite qui font groupe &
témoignent par leurs atitudes une
frayeur mêlée de joie. Cleodelin-

de eft richement vetuë & fuivie
d'un gros mouton. Derriere Saint
Georges on voit fon cheval qu'un
page fait boire, & fon Ecuyer
après monté fur un cheval blanc
portant fon drapeau qui eft blanc
avec une croix rouge. Sur le devant
font deux femmes éfraiées, & prof-
ternées & deux enfans nûs ; plus
loin eft une autre femme à genoux,
qui marque fa peur par fes mains
élevées au Ciel. Tout dans le coin
à gauche il y a une vieille auffi à genoux, le corps tout plié qui joint
les mains : au-deffous du Dragon
paroiffent des corps morts avec un
fquelete & beaucoup d'offemens.
Quantité de gens font montés fur
les arbres pour être fpectateurs de la
mort du Dragon. Au haut du Tableau on voit deux Anges nûs dont
un tient une palme & une couronne de laurier, & l'autre feulement
une couronne. Il y a fur la riviere une barque à voile avec plufieurs petits bateaux, dont quatre

voguent enſemble, dans un deſquels
on voit trois paſſagers.

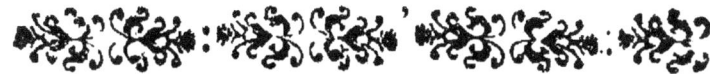

PIERRE VANMOL

CE Peintre étoit d'Anvers, il peignoit des Hiftoires & faifoit des Portraits. Il étoit de l'Académie & mourut en 1650. âgé de foixante & dix ans.

UNE DANSE.

Peint fur bois , haut d'un pied deux pouces , large d'un pied fept pouces & demi.

Un homme qui a des feuilles de vigne à fon chapeau & une écharpe de même, eft prêt à danfer avec une Dame habillée de noir aiant des fleurs dans fes cheveux : ce font deux Mariez. La famille de la femme eft derriere elle. Celle du mari eft à droit à l'entrée de la voute d'une roche avec la mufique. Sur le devant du même côté on voit un vieux homme affis qui eft le Pere du Marié. La Scéne eft le devant d'une roche.

PIETRE BERETIN.

LA Ville de Cortone en Toſca-
ne où cet excellent Peintre a
pris naiſſance, lui a donné un ſurnom qui lui eſt reſté, en ſorte qu'il
eſt apelé communément Piétre de
Cortone. A peine eut-il commencé
à manier le Pinceau qu'il fit voir la
fécondité de ſon génie. La vivacité de ſon imagination l'emportoit
au point de ne pouvoir prendre ſur
lui de finir un Tableau de tout
point. Il aimoit les grands Ouvrages, & a très-bien entendu la Peinture à fraiſque. Sans beaucoup de
correction dans le Deſſin, de choix
dans lex Expreſſions, ny de régu-
larité dans les plis de ſes Draperies,
il ne laiſſe pas d'avoir partout de la
grandeur, de la nobleſſe, & de la
grace par ſes beaux airs de Têtes.
Il ne manque à ſon Coloris que
d'être plus recherché dans les Car-

nations, fes autres Couleurs locales aiant cet agrément que les Italiens apelent *vaghezza*, auffi fai-
foit-il le Paifage de bon goût. Il
mourut à l'âge de foixante ans en
1669. auffi eftimé pour la pureté de
fes mœurs que pour fon habileté
dans la Peinture.

UN PAISAGE.

Haut dun pied neuf pouces, large de deux
pieds trois pouces.

Ce Tableau repréfente des ro-
ches & une riviere avec des gens
qui conduifent des charetes.

FUITE DE JACOB.

Peint fur toile, haut de fix pieds, large de
cinq pieds fix pouces.
Fig. de petite nature.

Le Che-
valier de
Lorraine

Ce Tableau repréfente la recher-
che faite par Laban de fes Idoles
que Rachel avoit emportées. Elle
eft affife à droit fur de la litiere, de
façon que les têtes de ces Idoles
qu'elle a fous elle, paroiffent. Son

vêtement eſt jaune avec une draperie bleue ramaſſée ſur elle. Sa ſervante eſt à ſa droite tenant un petit
enfant. Au milieu du Tableau eſt
Laban aſſis à terre, & panché pour
fouiller dans un cofre dont Jacob
ſoutient le couvercle par derriere,
& ſemble par le geſte de ſa main
étenduë, dire à ſon beau-pere qu'il
n'y trouvera pas ſes Dieux. A côté
du cofre tout ſur le devant il y a un
vaſe d'or dont un lion forme l'anſe,
& une table de même métal. A
gauche un homme lie un balot,
plus haut deux autres chargent un
mulet, & à une petite diſtance au-
deſſus on voit le conducteur du bagage monté ſur un chameau. Au
couvercle du cofre en dedans eſt
écrit PETRO DE CORTONE. Le fond
du Tableau eſt un Paiſage.

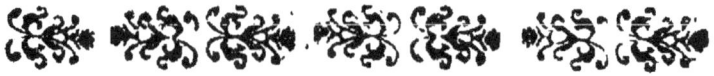

PIETRE NOEFS.

IL y a eu le Pere & le Fils. Ils étoient Hollandois & faiſoient des Perſpectives avec beaucoup d'art, mais le Pere encore mieux que le Fils.

UNE EGLISE.
Peint ſur cuivre, haut de deux pieds, large d'un pied, ſix pouces.

Ce Tableau repréſente la perſ-pective interieure d'une Egliſe Go-thique, où l'on voit ſur le devant à gauche N. S. qu'on porte à un malade avec un daix. Les Figures ſont d'Ab. Tenieres.

UNE AUTRE EGLISE.
Peint ſur cuivre, haut d'un pied deux pou-ces, large d'un pied ſix pouces.

Ce Tableau repréſente de mê-me la perſpective interieure d'une Egliſe Gothique où l'on porte N. S. à un malade, mais ſans daix.

POLIDORE DE CARAVAGE.

IL étoit du Bourg de Caravage dans le Milanez & vint à Rome fort jeune. La néceffité l'obligea de fervir de Manœuvre aux Maffons qui travailloient au Vatican. Il avoit dix-huit ans, lorfque le mortier qu'il portoit pour faire l'enduit des fraifques du même Palais, lui donna ocafion de voir ces Peintures. Il fentit alors qu'il étoit né pour être Peintre; il fe mit à deffiner fans relache, & avança fi fort, qu'à quelque tems delà il fut emploié par Raphael. Il a fait peu de Tableaux de chevalet, prefque tous fes Ouvrages étoient à fraifque & d'une même couleur à l'imitation des Bas-reliefs. Il fongeoit à joüir du fruit de fes travaux, quand le Siege de Rome le fit aller à Naples où le peu d'eftime qu'on y faifoit de la Peinture, ne lui per-

mit pas de se diftinguer, & le con-
fondit avec les Peintres les plus
médiocres. Pour trouver dequoi
subfifter, comme il étoit habile
Architecte, il paffa enfuite en Sicile, & eut la conduite des Arcs de
Triomphe que les Meffinois firent dreffer à Charlesquint à fon
retour de l'expédition de Tunis.
Cet ouvrage fini il penfa à retourner à Rome, & aiant dans ce def-
fein retiré l'argent qu'il avoit à la
Banque, il fut volé & affaffiné par
fon Valet en 1543, Ce Peintre a-
voit le génie vif & fertile, fon Deffin étoit correct & d'un grand
Goût mêlé de l'Antique & de la
Nature, fes Atitudes font bien
choifies, fes airs de Têtes font fiers,
nobles, expreffifs, & les grandes
maffes de Lumiere & d'Ombre
qu'il a obfervées, font voir qu'il
connoiffoit la néceffité du Clair-
obfcur. Il y avoit affez de con-
formité entre fes Compofitions
& celles de Jules Romain, avec

cette diférence que la veine de ce dernier animoit ses ouvrages, au lieu que le contraste étoit l'ame de ceux de Polidore.

LES TROIS GRACES.

Peint sur bois, haut de sept pieds, large d'un pied trois pouces.
Fig. de treize pouces.

Elles sont en pied, se tiennent & sont d'une couleur rougeâtre.

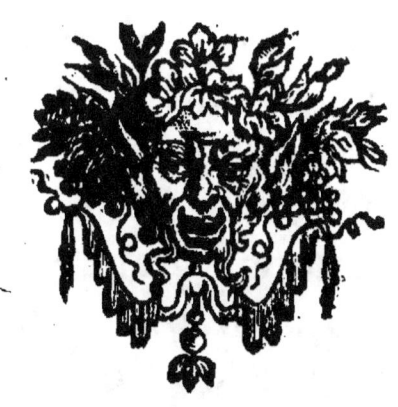

RAPHAEL SANCIO.

Ire le nom de Raphael, c'eſt
dire le nom du prémier Peintre du monde, aucun autre depuis
le rétabliſſement des Arts, n'aiant
poſſedé dans un dégré auſſi éminent autant de grandes parties. Les
Graces ſe trouverent à ſa naiſſance
& Minerve conduiſit toûjours ſon
génie. Il étoit d'Urbin & vint au
monde le jour du Vendredi Saint de
l'année 1483. Son Pere fut un Peintre médiocre apelé Jean de Santi qui
n'eut que lui d'enfant, le nomma
Raphael, & voulut qu'il n'eut point
d'autre nourice que ſa Mere. Lui
aiant reconnu une grande diſpoſition à la Peinture, il le mit chez Piétre Pérugin, qui avoit alors de la réputation. Raphael en étudiant la
Maniere de ſon Maître, l'imitoit à
un tel point qu'on ne diſtinguoit
plus leurs Ouvrages: mais ſe ſentant

capable d'aller plus loin, il la quita, & s'en fit une compoſée du mélange de l'Antique & de la Nature, en ſorte que ſes riches Compoſitions, ſon Deſſin correct & varié ſelon les convenances & d'un grand Goût, & ſes Expreſſions juſtes, fines, élevées, piquantes l'ont mis au-deſſus de tous les Peintres. Ses derniers Ouvrages comme ſes Actes des Apôtres & ſon Tableau de la Transfiguration marquent qu'il avoit quelqu'intelligence du Clair-obſcur, il a même fait des Portraits très - bien entendus de Couleurs & de Lumiere. Ses principaux Ouvrages ſont à fraiſque dans les Sales du Vatican, & ſes Tableaux de chevalet ſont diſperſés en divers lieux de l'Europe. Il mourut dans la trente - ſeptiéme annéé de ſon âge à pareil jour qu'il étoit né le Vendredi Saint 1520.

LE PORTRAIT D'UNE VIEILLE.

Peint fur bois, haut d'onze pouces, large de
neuf pouces & demi.
Fig. de grandeur naturelle.

Elle eft de profil & a une fimple
cornete jaune relevée de maniere
qu'on voit fes cheveux blancs fur
fon front : la forme de fon vêtement eft telle qu'il lui couvre un
peu l'épaule gauche : fon cou paroît tout entier & un peu fa gorge.
Le fond eft brun.

UNE VIERGE.

Peint fur bois, haut de trois pieds fix pouces,
large de deux pieds huit pouces.
Fig. de petite nature.

Elle eft vetue de rouge avec une
draperie bleuë, & tient en l'air une
gafe claire fur l'Enfant Jefus qui eft
nû couché fur un petit lit, la regardant les bras ouverts & étendus
vers elle. S. Jofeph eft à côté de la
Vierge. Le fond du Tableau eft
brun & paroît repréfenter une
chambre.

JULES II.

Peint sur toile, haut de trois pieds, large de
deux pieds trois pouces.
Fig. de grandeur naturelle.

Ce Pape qui a une grande barbe
blanche, est assis dans un fauteuil
dont le dos est fort élevé. Il a la
main gauche sur le bras du même
côté, & la droite sur lui & à chacune a trois bagues une à l'index, une
à l'annulaire & une au petit doigt.
Au dessus de sa tête on lit JULIUS
II. Le fond du Tableau est brun.

SAINT JEAN AU DE'SERT.

Peint sur bois, haut de cinq pieds un pouce,
large de quatre pieds six pouces.
Fig. de grandeur naturelle.

Il est nu & assis sur une roche
aiant une peau de tigre sur le bras
gauche qui revient par derriere
couvrir sa cuisse droite. A gauche
un roseau forme une Croix qui répand une lumiere que montre ce
Saint. Le fond est un Paisage.

Le
Premier
Preside
du H
lay.

UNE SAINTE FAMILLE.

Peint sur bois, trois pieds deux pouces en
rond.
Fig. demi-nature.

M. Tam-
boneau. La Vierge est assise proche d'un
palmier tenant l'Enfant Jesus qui se
panche pour recevoir des fleurs
que lui présente Saint Joseph qui
tient un long bâton de la main
droite. Le fond est un Païsage.

LA VIERGE ET L'ENFANT JESUS.

Peint sur bois, haut de deux pieds quatre
pouces, large d'un pied six pouces.
Fig. presque de grandeur naturelle.

M. de
Seignelay Nôtre Seigneur est nu tourné de
face & a la tête apuiée sur le sein de
la Vierge, élevant les yeux pour la
regarder. Le fond du Tableau est
brun.

LA

LA VIERGE AVEC L'ENFANT JESUS.

Peint fur bois, haut de deux pieds fix pouces,
large de deux pieds.
Fig. de petite nature.

La Vierge eft affife, tient l'Enfant Jefus qui eft nu, & l'embraffe.
Il y a un bout de Paifage à droit.

UNE SAINTE FAMILLE.

Peint fur bois, haut de deux pieds neuf pouces, large d'un pied onze pouces.
Fig. au-deffous de demi - nature.

La Vierge avec l'Enfant Jefus qui *La Reine*
eft nu, & le petit Saint Jean qui a *de Suede.*
une peau de chameau , apuie fa
main fur le Précurfeur de J. C.
comme pour le faire incliner devant Notre Seigneur. Derriere ces
trois Figures à gauche dans un chemin qui monte, paroît S. Jofeph
à mi-corps.

UN JEUNE HOMME. *

Grandeur naturelle.
Fig. à mi-corps.

* On croit que c'eft le Portrait de Bindo Alloneſi
que Raphael a peint dans fon jeune âge.

T

La Reine de Suede. Il a une draperie d'un jaune foncé & devant lui un livre dont le dos
eft tourné de fon côté. Le fond du
Tableau eft brun.

Ezechiel ch. 1. LA VISION D'EZECHIEL.

Peint fur bois, haut d'un pied trois pouces,
large de onze pouces.
Fig. de dix pouces.

M. de Lanne il l'a-voit en de M. de Chante-lou qui l'avoit a-cheté à Bologne. La Scene du Tableau eft une
Gloire remplie de Têtes de Cheru-
bins & entourée de nuées. Au milieu eft un groupe qui repréfente le
Pere Eternel affis fur un aigle, les
bras étendus & comme foutenus
par deux Anges, un jeune homme
qui le contemple, un lion, & un
bœuf tous aîlés, ces deux derniers
étant au deffous de l'aigle. Une
clarté qui naît du haut de la Gloire perce les nuées inférieures en
diférens endroits & répand des
éclats de lumiere mêlés de tour-
billons fur un Paifage où l'on voit
une mer & des montagnes avec un
homme & une femme dont l'ati-

tude marque l'épouvante. Raphaël a peint sur le devant un grand chêne, qui paroissant un très-petit objet par raport au groupe, semble n'être là que pour donner une plus haute idée de la Majesté Divine.

* Le Vasari qui raporte que Raphael fit ce Tableau à Bologne pour le Comte Vincent Ercolani, veut que ce soit Jesus-Christ, & son expression est remarquable disant que c'est *un Christo à uso di Giove in Cielo.*

SAINT ANTOINE.

Peint sur bois, haut de neuf pouces, large de dix pouces.
Fig. de huit pouces.

Ce Saint est en pied & déchaussé, tenant de la main gauche un livre à fermoirs, dont la couverture est verte, & de la droite un lit. Le fond du Tableau est bleu, & le sol sur quoi est le Saint est d'un blanc rougeâtre.

SAINT FRANÇOIS.

Peint sur bois, haut de neuf pouces, large de dix pouces.
Fig. de huit pouces.

Ce Saint est en pied, tenant un

livre à fermoirs dont la couverture est rouge , & une Croix de bois. Il est caractérifé par fes Stimagtes. Le fond de ce Tableau est femblable à celui de Saint Antoine qui pourroit lui fervir de pendant.

UN CHRIST

QU'ON VA METTRE AU TOMBEAU.

Peint fur bois , haut de neuf pouces, large de dix pouces trois quarts.
Fig. dans la proportion de neuf pouces.

La Scéne du Tableau est un champ avec trois arbres. Notre Seigneur est étendu fur les genoux de la Vierge , le corps foutenu par S. Jean. La Madeleine est à fes pieds , qui lui baife le droit. Il y a deux Apôtres un de chaque côté qui le regardent avec douleur. La robe de la Vierge est rouge & par deffus elle a une draperie bleue qui lui forme un voile affez femblable à celui d'une Religieufe.

LA PRIERE AU JARDIN DES OLIVIERS.

Peint fur bois, haut de neuf pouces, large de
dix pouces trois quarts.
Fig. dans la proportion de neuf pouces.

Notre Seigneur vetu de pourpre
eſt à genoux les mains jointes, regardant un Ange qui lui préſente le
Calice. Cet Ange a un habillement
rouge & eſt dans une atitude hori-
ſontale. On voit les trois Apôtres
endormis, un eſt couché ſur une
bute où il y a deux oliviers, un autre eſt aſſis au pied d'un palmier &
le troiſiéme eſt aſſis de même au
bas du même olivier. Un Paiſage
avec un Ciel bleu fait le fond du
Tableau.

UN PORTEMENT DE CROIX.

Peint ſur bois, haut de neuf pouces, large de
deux pieds ſept pouces & demi.
Fig. de ſept pouces.

Jeſus - Chriſt vetu d'une robe
violete porte ſa Croix, ſoutenue
par un jeune homme. Un boureau

acompagné de deux autres tire J. C.
avec une corde atachée à fa ceinture. Un Soldat marche derriere
tenant une halebarde. Deux hommes à cheval vont devant, le prémier portant une efpéce de guidon.
La Vierge avec le trois Maries qui
l'aident à marcher, & S. Jean fuivent le Sauveur. Le fond du Tableau eft un Paifage. *

t * Ces cinq derniers Tableaux font de la prémiere Maniere de Raphael.

UNE VIERGE AVEC L'ENFANT JESUS.

Peint fur bois, haut de onze pouces, large de
huit pouces & demi.
Fig. dans la propotion de dix-huit pouces.

La Vierge affife tient fur fes genoux l'Enfant Jefus qui eft nu, & le
contemple. Le fond du Tableau repréfente une chambre.

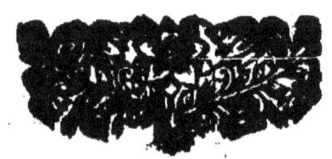

MAITRE ROUX.

CE Peintre nommé Roffo dans fa Langue, qui fignifie Roux, étant venu en France où il s'établir, fut apelé de ce dernier nom. Il étoit de Florence, & avoit feulement étudié dans fa jeuneffe d'après les Cartons de Michelange : ce qui fait qu'il a eu un Goût de Deffin fauvage, quoique favant. Il fut pris au fac de Rome par les Allemands qui le maltraiterent fort : mais aiant trouvé le moien de s'échaper il alla à Venife & paffa enfuite en France où François I. lui donna la Direction de tous les Ouvrages de Peintures qu'il faifoit faire à Fontainebleau avec une Penfion confiderable à laquelle il joignit un Canonicat de la Sainte Chapelle.

Maître Roux avoit l'air noble, parloit bien, étoit Poëte, Philo-

T iiij

fophe, Muficien, Architecte, Peintre, & avoit un Génie très-fécond,
s'étant fait une Maniere particulie-
re:mais fon mérite & fes honneurs
furent ternis par la mort qu'il fe
procura en 1541. en s'empoifon-
nant de défefpoir d'avoir fur un
foupçon de vol mis François Pelle-
grin fon intime ami entre les mains
de la Juftice,qui l'avoit déclaré innocent après lui avoir fait fubir la
queftion:emorte que celui-ci étant
en liberté ,il publia un libelle contre Maître Roux qui ne voulut
point furvivre à un pareil afront.

LA FEMME ADULTERE.

Haut de deux pieds cinq pouces, large d'un
pied dix pouces.
Fig. de demi-nature.

Jefus- Chrift de face eft fur le
devant, & la Femme adultere eft
à fa gauche les yeux baiffés. Le
Sauveur la défigne de la main
droite à un Juif qui eft à ôté
de lui à gauche. Deux autres

Juifs qui font l'un entre Nôtre
Seigneur & la Femme adultere,
& l'autre derriere elle, paroiffent
écouter J. C. Le fond du Tableau
eft brun.

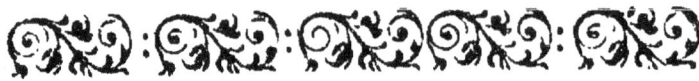

SCALK.
DISCIPLE DE GERARD DOU.

UN HOMME
QUI DONNE UNE BAGUE A UNE FEMME.

Peint fur bois, haut d'un pied un pouce, large d'onze pouces.

Ce font deux Figures éclairées par une groffe chandelle. L'une eft une femme qui tient un goblet, & l'autre un homme qui eft à côté d'elle, a la main fur fon épaule, & lui préfente en riant une bague. Elle le regarde gracieufement, & marque par fon gefte qu'elle accepte le bijou.

UN PETIT GARCON.

Peint fur bois, haut de huit pouces, large de fix pouces.

Il tient une guitare dont il joue avec beaucoup de plaifir.

LA RECONNOISSANCE
DE LA BOHEMIENNE.

Peint fur bois, haut d'un pied quatre pouces,
large de onze pouces & demi.

Le Sujet de ce Tableau paroît tiré des Nouveles de Michel Cer-
vantes, & reffemble fort à l'aventure de Dona Conftance Azevedo
qui aiant été dérobée dans fon enfance par une Egyptienne avoit été
élevée par elle fous le nom de Prétiofa. C'eft le moment où elle eft
reconnue par fa Mere à certaines
marques natureles qu'elle avoit au
fein & à un pied, à fes bijoux & à
un papier où la date de fon enleve-
ment eft écrite.

Le fond eft un véftibule orné de
pilaftres. Une jeune fille fort belle
eft affife de face fur le devant tenant un bâton noueux. Elle a de
longs cheveux, fa gorge eft entiérement découverte, & elle paroît
déchauffée : c'eft Prétiofa. Une
vieille Bohemienne apuiée fur fon

T vj

bâton, survient à gauche la montrant du doigt. A droit à côté de
Prétiosa est une femme richement
habillée qui regarde la vieille Bohemienne avec une surprise mêlée
d'indignation de lui avoir enlevé
sa Fille : derriere la Mere est le Pere fort étonné ; il tient son bonnet,
joint les mains, & a la bouehe ou-
ouverte, comme quand en est saisi.
Entre ces deux dernieres Figures il
y en a une dont on ne voit que la tête, qui aparemment est la Nourice
de Constance; elle s'essuie un œil a-
vec son mouchoir, pleurant de joie.
Une autre femme est derriere la
jeune Bohemienne, ne paroissant
prendre aucune part à la scene.
Tout sur le devant au bord du Tableau on voit un colier de perles,
une châîne d'or avec une médaille
qui y est atachée, & un papier chi-
fonné où l'on lit des mots Hollandois; dans le coin il y a à gauche
une cuvette de marbre avec des roses pour marquer la saison où se
passe l'aventure.

SEBASTIEN DE VENISE.

UN Ofice Monachal apelé *del Piombo* que le Pape Clement VII. donna à ce Peintre, l'a fait apeler Fra Baſtian del Piombo, ſurnom qui lui eſt demeuré, & ſous lequel il eſt connu communément. Il étoit de Veniſe, & s'adonna fort dans ſa jeuneſſe à la Muſique, touchant du luth excélemment bien. Aiant enſuite du goût pour la Peinture, il en aprit les principes de Jean Bellin, & du Giorgion. Après avoir fait quelques Ouvrages il alla à Rome, & s'étant ataché à Michelange, il aquit une telle capacité qu'il oſa entrer en concurrence avec Raphael; car en même tems que celui-ci faiſoit le Tableau de la Transfiguration, Fra Baſtian faiſoit celui du Lazare, ſous la conduite & en partie ſur le Deſſin de Michelange : en ſorte que ces deux

Tableaux aiant été expofés publi-
quement, ils furent également
loués, & les plus habiles Connoiffeurs fe trouverent partagés. La
Transfiguration refta à Rome, &
le Cardinal de Médicis qui fut depuis Clement VII. envoia le Lazare
à Narbonne d'où il étoit Archevê-
que. Ce Tableau eft préfentement
au Palais Royal. Après la mort de
Raphael la prémiere place pour la
Peinture fut acordée à Fra Baftian,
à quoi, à la verité le credit de Michelange ne contribua pas peu:
mais lorfqu'il fe vit à fon aife par
l'Ofice *del Piombo*, il ne fe foucia
plus de travailler, & mena une vie
tranquile & agréable. Fra Bartian
travailloit avec peine & étoit long
à exécuter les grands Sujets, ce qui
fait qu'il a laiffé beaucoup d'Ouvrages imparfaits. On venoit plûtôt à bout d'avoir de lui des Portraits, parce qu'il les faifoit avec
plus de facilité, & qu'il y réuffiffoit très-bien : auffi ceux qu'on

voit de lui font admirables. Il a peint d'une grande Maniere qu'il s'étoit faite fur le Deffin de Michelange, & le Coloris du Giorgion. Il finit fes jours à Rome dans fon Emploi Monachal en 1547. âgé de foixante & deux ans.

LE PORTRAIT DE MICHELANGE.

Peint fur bois, haut d'un pied fix pouces & demi, large d'un pied un pouce & demi.
Fig. de grandeur naturelle.

Il eft de face aiant un bonnet blanc d'une forme pictoresque. Le fond eft brun. On lit au bas MICHA. ANGE. BONAROTANUS. FLORENTINUS. SCULPTOR. OPTIMUS. ANNO. ÆTATIS SUAE. 47.

UNE DECENTE DE CROIX.

Peint fur bois, haut de deux pieds quatre pouces, large d'un pied dix pouces.
Fig. au deffous de demi-nature.

Le Chrift eft fur un linceul pofé fur une pierre, prêt d'être enfeveli; il eft foutenu par une Figure cachée, *M. de Breten-villiers.*

une femme eft à côté de lui qui l'adore, une autre eft evanouie & une troifiéme témoigne la plus grande douleur : ce font les trois Maries. Il y a encore plufieurs autres Figures. Le fond du Tableau eft brun , excepté à droit où dans le lointain paroît le Calvaire.

LA RE'SURRECTION DU LAZARE. *

r * C'eft le fameux Tableau de Narbonne.

Peint fur bois , haut d'onze pieds dix pouces , large de neuf pieds.

Fig. dans la proportion de la grande nature.

Ce Mort reffufcité eft à droit affis fur fon tombeau, foutenu par trois hommes, & fe debaraffant de fon linceul & de fes bandes. Il a le vifage tourné du côté du Sauveur qu'il regarde avec étonnement. J. C. habillé de rouge avec une draperie bleuë eft à gauche. Il a le bras droit élevé & le gauche étendue du côté du Lazare pour lui commander de fe lever. La Madeleine vetuë de jaune clair, la main droite fur fa poitrine & la gauche ouverte,

eſt à genoux aux pieds de Notre
Seigneur qu'elle paroît remercier.
S. Pierre eſt vis-à-vis à gauche un
genou en terre & les mains jointes,
regardant le Sauveur. Il a une robe
d'un bleu clair avec une draperie
jaune par deſſus. Il y a plus haut
trois Apôtres dont on ne voit que
les têtes, les huit autres environ-
nent J. C. St André eſt à ſa gauche
dans une atitude d'admiration à la
vuë du Lazare reſſuſcité, & à ſa
droite on diſtingue S. Jean qui a une
robe verte & par deſſus une draperie jaune. Il s'entretient avec un
autre Apôtre à qui il ſemble dire
que la Réſurrection du Lazare ne le
ſurprend pas, J. C. pouvant tout.
Il eſt à remarquer que Notre-Seigneur & les Apôtres ont tous la tête nuë. Entre le Lazare & les Apôtres qui ſont à la gauche de J. C. eſt
Sainte Marthe vetuë d'une robe
pourpre avec une draperie rouge,
relevée ſur ſon épaule. Elle marque ſa ſurpriſe de la main gauche,

& met la droite devant fon vifage
qu'elle détourne, ne pouvant foutenir la vue hideufe de fon frere. Il y
a proche d'elle un groupe compofé
d'un homme & de deux femmes
qui fe bouchent le nez avec leurs
draperies à caufe que le Lazare fent
mauvais. A côté font deux hommes dont un qui eft couvert, embraffe l'autre, & derriere un troifiéme qui a le vifage apuié fur l'é-
paule de celui qui eft devant lui,
comme pour ne point refpirer la
puanteur du Lazare. Plus haut dans
l'éloignement paroît une foule de
Juifs, entre lefquels on diftingue des
Docteurs de la Loi , & tout derriere deux femmes avec un enfant. De
l'autre côté à gauche on voit une
femblable multitude de fpectateurs. Le refte du Tableau eft un
Paifage avec fabrique , repréfentant une riviere, un pont & une
grande roche à droit couverte d'arbriffeaux. Sur le bord de la riviere
en deçà il y a un homme qui mar-

che à côté d'une femme qui porte
un panier fur fa tête , une autre
femme qui emmene un enfant , &
quatre hommes baiffés , dont deux
fe lavent les mains. Un peu plus
à gauche on aperçoit dans un fen-
tier qui conduit à la riviere , un
homme avec un âne qu'il fait aller
devant lui.

On dit que ce Tableau a été deffiné par Michelange
& peint par Sebaftien del Piombo.

SINIBALDO SCORZA.

BAptifte Carrofio & Jean-Baptif-te Paggi furent fucceffivement les Maîtres de ce Peintre, qui étoit de Voltaggio dans le Territoire de Génes. Au commencement il fe plaifoit fort à faire des Animaux, des Fleurs & des Paifages, & à co-pier à la plume les Eftampes d'Al-bert Dure d'une maniere à tromper les Connoiffeurs qui les croioient gravées, ou les prenoient pour les Originaux mêmes. Il s'apliqua en-fuite à la Miniature, & comme il donnoit fouvent de fes Ouvrages au Marini qui étoit alors ataché à la Cour de Savoie, il y fut intro-duit par ce Poëte, & y fit en fix feuilles la Genéfe, Ouvrage rem-pli d'animaux, d'arbres, de Vuës & de Figurines gracieufes qui é-toient comparables aux Miniatu-res du célebre Jules Clovio.

La guerre étant survenue entre
la Savoie & les Génois, il fut obligé de retourner dans sa Patrie: mais
ses ennemis l'aiant acusé d'intelligence avec le Duc de Savoie, il fut
banni & se retira à Rome. Il fut
ensuite rapelé, & se mit à graver
ses Ouvrages en taille douce. Il
mourut à Génes en 1631. âgé de
quarante & un an.

ONZE PAISAGES.

Peints sur toile, hauts d'un pied & dix pouces, larges de deux pieds & onze pouces.

I.

Orphée qui joue du Luth.

II.

La Vue de Ripete.

III.

Un Pont & des Chevaux qui
tombent

IV.

Rencontre de Cavaliers & de
Dames.

V.

Promenade où se trouvent des hommes masqués.

VI.

Le Cavalier & les Dames.

VII.

L'Eté.

VIII.

Danse de Mariés.

IX.

Combat à la Lance.

X.

L'Hôtellerie

XI.

L'Hyver.

SLINGELANT.
PEINTRE FLAMAND.

L'ENFANT AVEC L'OISEAU.

Peint fur bois, haut de dix pouces, large de fept pouces & demi.

On voit fur l'apui d'un falon ou-vert en arcade, un enfant affis en dehors qui apéle un oifeau qui eft branché fur un chevrefeuille. Il pa-roit être Chevalier de la Jartiere, quoique les marques qu'il en por-te, en diférent beaucoup, fans qu'on puiffe en deviner la raifon, aiant fur fon jufte-au-corps qui eft gris a-vec un large paffement d'argent, une broderie de même au côté gauche en forme de foleil, au dedans de laquelle eft une fleur de lis d'argent fur un fond d'azur avec la devife de l'Ordre de la Jartiere, autour *honni foit qui mal y penfe*, & il porte une jartiere rouge à la jambe droite. Un

laquais eft en dedans du Salon tenant une cage, qui le regarde atentivement. Sur l'apui il y a une tou-
pie, & tout fur le devant eft un
gros chat. On lit au haut du Tableau à gauche A°. P. v. Slingelant
1677.

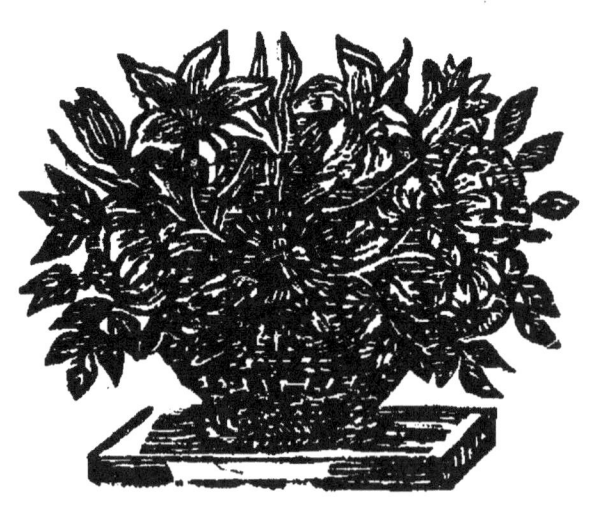

THOMAS VVILLEBORT.

IL étoit d'Anvers, & a été Dif-ciple de Gerard Segers. Son Co-loris eſt aſſez bon, & il a fait des Tableaux d'Hiſtoire& des Portraits qu'on eſtime.

LA MORT D'ADONIS.

Fig. de grande nature.

Adonis ſe mourant eſt ſoutenu par Vénus qui le regarde avec dou-leur. Le ſang coule de ſa cuiſſe droite qu'il a ſur une Nymphe qui eſt aſſiſe à terre & paroît fort afli-gée. Deux autres Nymphes s'ara-chent les cheveux de déſeſpoir, & l'Amour eſt proche de ſa Mere & pleure. Le fond du Tableau repré-ſente un Bois,

HERCULE ET IOLE.

Fig. de grande nature.

La Scene du Tableau eſt un ber-

V

ceau de jardin orné de feftons avec
une tête de Satyre. Hercule eft affis
fur la robe d'Iole qui le couvre un
peu par devant. Il tient de la main
gauche une quenouille, & file de la
droite. Cette Princeffe eft à côté de
lui couverte de fa peau de lion,
mais de maniere qu'elle eft prefque
nue par devant, fa chemife étant
retrouffée fort haut. Elle pince l'o-
reille à ce Héros, pendant que par
derriere une vieille lui effence les
cheveux. A gauche un peu plus bas
on voit deux jeunes filles dont l'u-
ne fait de la dentelle, & l'autre
tient un devidoir.

TITIEN VECELLI.

CE grand Peintre de la noble Famille de Vecelli étoit de Pieve de Cadore, petite place aux confins du Frioul. Il naquit en 1477. & mourut en 1576. âgé de quatrevingt dix neuf ans. Il fut Eléve de Jean Bellin, & s'atacha ensuite à la maniere du Giorgion qui en aiant pris de la jalousie à cause du grand progrès qu'il avoit fait, rompit tout commerce avec lui.

Il a fait quantité d'Ouvrages publics & particuliers. Ses Tableaux de chevalet se sont répandus par toute l'Europe. Il a été comblé de biens & d'honneurs. Charles-Quint dont il avoit fait trois fois le Portrait, le fit Chevalier & Comte Palatin; Henri III. l'alla voir à Venise, quand il y passa : enfin il a été loué de tous les Poëtes de fon tems.

Le Titien a eu plufieurs Manieres, celles du Bellin & du
Giorgion, & deux autres qui lui
ont été propres; la prémiere étoit
très-travaillée, & la derniere dont
il s'étoit fait une habitude fur la
fin de fa vie, étoit une Maniere
libre, moins fûre, mais plus har-
die, & qui fait plus fon éfet de
Join que de près

Il n'a pas fi bien réuffi dans la
Figure des hommes que dans celle
des femmes & des enfans, qu'il a
deffinés d'un goût délicat, leur
donnant un air noble. Son Coloris
eft merveilleux, fes Carnations
vraies, & il n'eft furpaffé, ni peut-
être égalé par aucun autre pour
le Paifage. Il a negligé l'Antique,
& s'eft plus relâché pour les Têtes
à imiter la Nature, qu'à y metre
une vive expreffion des Paffions
de l'Ame.

On lui reproche d'avoir repeté
plufieurs fois les **mêmes compo-**

fitions, ce n'étoit pas cependant fans y faire quelque changement, afin qu'on ne pût douter que ces Tableaux ne fuffent originaux.

L'EMPEREUR OTHON.

Peint fur toile , haut de trois pieds neuf pouces , large de trois pieds.
Fig. de grandeur naturelle.

Cet Empereur eft habillé à la Romaine avec une chlamide d'écarlate, tenant un bâton de Commandant. Le fond du Tableau eft brun & coupé par une colonne à gauche.

LE COMTE CASTILLON.

Peint fur toile, haut de trois pieds onze pouces, large de trois pieds un pouce.
Fig. de grandeur naturelle.

Il eft jufqu'aux genoux. Le fond eft brun, & l'on voit à gauche un bout de Paifage &, à droit au haut on lit en lettres capitales COMES BALDASSARCAST ILIONVS.

V iij

SON PORTRAIT.

Peint fur bois, haut de fix pouces un tiers,
large de cinq pouces un quart.
Fig. d'environ douze pouces.

Il eſt preſqu'à mi-corps,& a une
grande barbe blanche. Son vêtement eſt une robe noire fourée ; le
col de ſon pourpoint eſt ouvert à la
maniere Italienne, & ſon bonnet
eſt noir. Il a le bras droit apuié ſur
une table couverte d'un tapis vert,
& il tient une feuille de papier : ſa
main gauche eſt ſur ſa hanche. Il
a au cou une chaîne d'or à laquelle
pend une médaille. Le fond du Tableau eſt brun.

UNE MUSIQUE.

Eſquiſſe, peint ſur toile, haut d'un pied, large de deux pieds ſix pouces.
Fig. dans la proportion de vingt pouces.

La Sene eſt une ſale qui a à gauche un rideau verd relevé en pavillon : ce qui fait le fond du Tableau
qui repréſente un Concert exécuté

par des hommes & des femmes : Il
y a une orgue à droit touchée par
un Musicien habillé en Moine, &
au dessous est un jeune homme qui
tient un livre de Musique où les
Concertans regardent. On voit à
gauche une vieille qui aporte des
fruits.

CHARLES-QUINT.

Peint sur toile, haut de deux pieds huit pouces, large de deux pieds cinq pouces.
Fig. de deux pouces.

Cet Empereur armé de toutes
pieces, & tenant une lance, est
sur un cheval noir dont l'équipage
est rouge aiant une aigrete sur la
tête. Le fond du Tableau représente un Paisage.

LE PORTRAIT DE PHILIPPE II.

Peint sur toile, haut de trois pieds cinq pouces, large de deux pieds dix pouces.
Grandeur naturelle jusqu'aux genoux.

Ce Roi tient de la main gauche
ses gans, & de la droite une espece
de dague.   V iiij

UNE FEMME.

Peint fur toile, haut de deux pieds fept pouces, large de deux pieds deux
pouces & demi.

MON-
SIEUR. Elle eft un peu plus qu'à mi-
corps, aiant un habillement noir
dont les manches décendent jufqu'au poignet où elles font fermées, une petite dentelle débor-
dant ; elle a un petit bonnet de
toile, avec une colerete de même & un efpece de fichu de gaze
par-deffus. On lui voit une bague
au petit doigt de la main droite.
Le fond du Tableau eft brun &
repréfente une chambre.

LE PORTRAIT DE CLEMENT VII.

Peint fur bois, haut de deux pieds dix pouces, large de deux pieds deux pouces.

Monfieur
Amelot. Ce Pape a une barbe blanche,
& eft affis, les mains apuiées fur
les bras de fon fauteuil. Il a deux
bagues à chaque main, une à l'index & une à l'annulaire. Il y a écrit

au haut du Tableau à gauche CLEMENS 7. Le fond eſt brun.

ACTEON.

Peint ſur toile, haut de cinq pieds onze pouces, large de ſix pieds quatre pouces. Fig de petite nature.

Ce Tableau repréſente le moment où Acteon voit Diane, la la Scene eſt une ruine en forme de portique avec de grands arbres à droit, aiant un Ciel pour fond. Un ruiſſeau coule ſur le devant, & au milieu l'on voit un baſſin orné de bas - reliefs. La Déeſſe de la Chaſſe nue eſt aſſiſe à droit de côté ſur une eſpece de lit de repos, une Nymphe lui eſſuie le pied gauche qui eſt apuié ſur le bord du baſſin. Comme Diane aperçoit Actéon qui eſt au côté opoſé, détournant un rideau d'écarlate ataché à la voute du portique, elle hauſſe au deſſus de ſa tête qu'elle baiſſe, une draperie

Meram, Liv, 3.

V v

blanche qui cache fon vifage à ce Chaffeur indifcret. Il y a derriere elle une Morefque vetue d'une étofe raiée avec un bichon. A côté de la Nymphe qui fert cette Déeffe, on en voit une autre qui a les jambes dans le baffin, étant affife fur le bord. Une autre fe détourne, remet fa chemife, & une quatriéme qui a une draperie bleue au milieu du corps, eft couchée de côté, s'apuiant fur le même rebord; elle a les yeux atachés fur la Déeffe, paroiffant fort éfraiée de la curiofité d'Acteon qui eft reconnoiffable à fon carquois & à fon chien. Une jeune fille placée derriere une colonne qui la cache, avance fa tête pour regarder.

Metam.
L. 2.

CALISTO.

Peint fur toile, haut de cinq pieds onze pouces, large de fix pieds quatre pouces.
Fig. de petite nature.

La Scene du Tableau, eft un

jardin où l'on voit à droit un pavillon d'écarlate, formé par un bout d'étofe jeté fur des arbres, & dans le milieu un pied d'eſtal orné de bas-reliefs, fur lequel eſt un Amour qui tient un urne renverſée qui produit une caſcade, fur le devant coule un ruiſſeau. Diane nue eſt aſſiſe fous le pavillon, aiant une gaſe par derriere qui lui couvre un peu la cuiſſe droite, elle s'apuie fur une Nymphe dont l'habillement eſt rouge, derriere cette Nymphe, on en voit deux autres dont une tient un arc : une quatriéme qui eſt à moitié dans l'eau, lave la jambe droite de la Déeſſe qui a le pied gauche fur la cuiſſe d'une cinquiéme vue par le dos & aſſiſe fur le bord du ruiſſeau, fe penchant de maniere qu'elle eſt obligée d'apuier fes mains par derriere fur un carquois, qui fe trouve à une petite diſtance à terre. Diane étend le bras droit, montrant Caliſto qu'elle commande de deſhabiller. Cette criminele Nymphe tournée du côte opoſé à gauche, eſt pâmée & ſoutenue par deux de ſes compagnes qui exécutent l'ordre de la Déeſſe, enſorte que ſon ventre eſt déja découvert, une troiſiéme vient de lui ôter ſa draperie qu'elle tient en l'air, & une quatriéme qui eſt baiſſée, la déchauſſe. Tout ſur le devant paroît le chien de Diane haletant beaucoup.

UNE SAINTE FAMILLE

Peint ſur bois, haut de deux pieds ſix pouces, large de trois pieds ſept pouces.
Fig. au deſſous de demi ſtature.

M. de
Senelay.
L'Enfant Jeſus eſt dans les bras de la Vierge & ſe panche vers le petit S. Jean qui eſt caracteriſé par ſon agneau, & couvert d'une peau de chameau, S. Joſeph eſt aſſis & préſente une eſpéce de pomme à l'Enfant Jeſus. On voit au haut du Tableau des Chérubins dans une nuée. Le fond eſt un Paiſage

où l'on aperçoît dans le lointain un Laboureur qui conduit un bœuf.

L LA VIE HUMAINE.

Peint fur toile, haut de deux pieds neuf pouces, large de quatre pieds fept pouces. Fig. de demi nature.

Trois enfans nus forment une groupe, deux dorment, & le *La Reine de Suede.* troifiéme aiant un pied fur un des deux autres, femble vouloir monter le long d'un arbre. De l'autre côté à gauche, on voit un homme nu, qui a une fimple draperie au tour de fes reins; il eft affis à terre, & une jeune fille habillée de rouge, tenant une flute de chaque main, eft affife devant lui, acotée fur fes genoux, & le regarde. Sur un plan éloigné paroît un vieillard, qui tient deux têtes de morts. Le fond du Tableau eft un Paifage qui repréfente dans l'éloignement une ruftique, avec un troupeau de moutons & des bergers.

VENUS A LA COQUILLE.

Peint fur toile , haut de deux pieds trois pouces , large d'un pied dix pouces.
au deffous de demi nature.

La Reine
de Suede. Cette Déeffe fort de la mer pref-
fant fes cheveux pour en faire fortir
l'eau. Il y a proche d'elle une coquille qui a donné le nom à ce Tableau dont le fond eft un ciel.

LA MAITRESSE DU TITIEN.

Peint fur toile , haut de deux pieds neuf pouces , large de deux pieds deux pouces.
A mi-corps de grandeur naturelle.

La Reine
de Suede. Elle a la tête nue, tenant fes cheveux de la main droite dans l'action
d'une femme qui fe peigne, & de la
gauche une bouteille d'effence, & fe
regarde dans un miroir, que lui
tient de la main droite un homme
qui eft à côté d'elle & qui a le bras
gauche élevé & étendu, fa main
pofant fur le bord d'un grand miroir ardent qui eft à droit au haut
du Tableau.

LE TENTATEUR

S. Math.
ch. 4 v. 3.

Peint fur bois, haut de deux pieds dix pouces, large de deux pieds deux pouces.
Fig. à mi corps, un peu plus que grandeur
naturelle.

Jefus - Chrift a la main droite
fur fa poitrine & l'autre baiffée.
Le Tentateur eft à gauche, le bras
droit nu & étendu devant J. C. à
qui il préfente des pierres, pour
les changer en pain. Le fond du
Tableau eft brun.

M. le
Grand.

DIANE, ET ACTEON.

Métam.
Liv. 3.

Peint fur toile haut de cinq pieds fix pouces, large de fix pieds un pouce.
Fig. aprochante de la grandeur naturelle

La Scene du Tableau eft un Paifage qui repréfente à droit une fo-
rêt, où Diane pourfuit Acteon ;
elle vient de lui tirer une fleche,
fa tête eft déja changée en tête de
Cerf, fes chiens le méconnoiffent,
& courent aprés lui.

La Reine
de Suede.

VITELLIUS.

Peint fur toile, haut de quatre pieds deux pouces, large de trois pieds deux pouces.
Uu peu plus qu'à mi corps, plus grand que
nature.

La Reine de Suede. Cet Empereur a une chlamide
d'un vert brun, fon bras droit eft
nu, & il a la main gauche apuiée
fur fon épée.

VESPASIEN.

Peint fur toile, haut de quatre pieds deux pouces, large de deux pieds deux pouces.
Un peu plus qu'à mi corps, plus grand que
nature.

Il eft prefque de face, fon manteau eft d'une étofe blanche femeé
de fleurs d'or, il tient de la main
droite un bâton de Commandant.

LA CASSETE DU TITIEN.

Peint fur toile, haut de trois pieds fix pouces,
large de deux pieds onze pouces.
Fig. de grandeur naturelle, jufqu'au genouil.

Le Chev. de Lo-raine. Une belle fille qui paffe pour

la Fille du Titien, tient un plat
fur lequel eft * un cofret enrichi de
pierreries, qu'elle éleve comme
pour le faire voir : il paroît derriere elle à gauche un rideau relevé
en efpece de feston, & à droit un
bout de ciel.

* On prétend que le Tirien avoit peint dans ce
plat la Tête de S. Jean Baptiste.

L'ENLE'VEMENT D'EUROPE

Ovide
Metam.
Liv. 2.

Peint fur toile, haut de cinq pieds fix pouces
& demi, large de fix pieds quatre pouces.
Fig. de grandeur naturelle.

Le fond du Tableau réprefente
un Paifage avec la mer, Europe eft
couchée fur le Taureau qui nage,
elle tient fa corne de la main gauche, & de la droite le bout d'une
draperie rouge qui voltige, elle a
la jambe droite pliée, & la gauche
étendue fur la croupe du Taureau.
Ses compagnes éplorées paroiffent
dans le lointain fur une petite langue de terre, à gauche fur le devant eft un Amour fur un poiffon,
& en l'air fur un ciel bleu deux autres Amours avec un arc & des
fléches.

Aporté du Cab. du Roi d'Efpa-gne par le Duc de Gramont

L'ESCLAVONE.

Peint fur toile, haut de trois pieds fept pouces
& demi, large de deux pieds onze pouces.
Fig. de grandeur naturelle.

*La Reine
de Suede.* Elle eft habillée de noir & s'apuie
fur un More vetu de livrée. Le
fond du Tableau eft brun.

UNE VEUVE.

Peint fur toile, haut de deux pieds fept pouces, large de deux pouces & demi.
Fig. de grandeur naturelle, jufqu'aux genoux.

*Mon-
sieur.* Ses cheveux font blonds bien u-
nis fur fa tête&tortillés en rond par
derriere ; elle a un colier de perles,
une gorgete de gaze mouchetée, &
une cordeliere.

VENUS QUI SE MIRE.

Peint fur toile, haut de trois pieds huit pouces, large de trois pieds un pouce.
Fig. de grandeur naturelle, jufqu'aux genoux.

*La Reine
de Suede.* Elle eft nue, aiant feulement une
draperie écarlate qui lui couvre les
cuiffes, elle eft affife fur un lit, la

main gauche sur sa gorge, & tient de la droite l'arc de l'Amour. Ce Dieu est devant elle monté sur des coussins, lui tenant un miroir où paroît le profil de sa tête avec une épaule. Un rideau vert fait le fond du Tableau.

PERSÉE ET ANDROMEDE.

Métam. Liv. 4.

Peint sur toile, haut de cinq pieds huit pouces, large de six pieds.
Fig. de grandeur naturelle.

La Fille de Cassiope nue aiant seulement un voile de gaze qui vient lui couvrir le haut des cuisses est atachée à un rocher avec des chaînes. On voit le Monstre sur les flots agités, la gueule ouverte. Persée armé est en l'air prêt à fondre dessus. Le fond du Tableau est un Paisage qui représente un rocher avec des arbrisseaux & la mer.

M. Le Vrillier.

L'EDUCATION DE L'AMOUR.

Peint sur toile, haut de six pieds, large de quatre pieds dix pouces.
Fig. de grandeur naturelle.

Mercure eſt aſſis aiant ſon pétaſe & ſon caducée à côté de lui ; il eſt nu, une draperie rouge lui couvre ſeulement l'épaule gauche & une partie de la cuiſſe du même côté, l'Amour eſt devant lui qui lit dans un livre que Mercure lui tient, ſon arc & ſon carquois ſont à ſes pieds. Vénus eſt à gauche aiant une main ſur l'épaule de Mercure qui la regarde, & de l'autre reléve un bout de draperie jaune ſur le haut de ſes cuiſſes. Le fond du Tableau eſt un Paiſage.

UN PORTRAIT.
Fig. de grandeur naturelle.

C,eſt une femme qui eſt de face en cheveux plats ; ſon habillement eſt un corps noir, ouvert & lacé pardevant.

UNE MADELEINE A MI-CORPS.

Peint ſur toile, haut de trois pieds ſept pouces, large de trois pieds.
Fig. grande comme nature.

Cette Pénitente a un livre de-

vant elle pofé fur une tête de mort.
Le fond du Tableau eft un Paifage.

UN NOLI ME TANGERE.

S. Jean
ch. xx.
v. 17.

Haut de trois pieds trois pouces & demi, large
de deux pieds neuf pouces.
Fig. de dix-huit pouces.

Notre Seigneur eft en pied, aiant
un linge noué au milieu du corps,
& fon linceul qui lui prend depuis le cou où il eft ataché & dé-
cend jufqu'à terre. Il tient de la
main gauche un hoiau à long
manche, & retire de la droite le
linceul fur lui pour empêcher
Marie-Madeleine de le toucher.
Cette femme eft à genoux aux
pieds de J. C. étendant la main
droite vers lui, & aiant l'autre
apuiée fur fa boëte aux parfums
qui eft à terre à côté d'elle. Un
grand arbre auffi haut que le Tableau coupe le fond qui repréfente un Paifage avec fabrique à droit
& des moutons à gauche.

PHILIPPE II. ROI D'ESPAGNE
ET SA MAITRESSE.

Pent fur toile, haut de quatre pieds huit pouces, large de fix pieds un pouce.
Fig. de grandeur naturelle.

La Reine de Suede. On voit une femme nue à demi couchée fous un pavillon, les cheveux ajuftés avec des perles, aiant un colier & des pendans d'oreille de même. Elle tient une flute, & a à côté d'elle une baffe de viole avec des livres de mufique. L'Amour eft derriere elle qui veut lui mettre une couronne de fleurs, & à gauche eft Philippe II. le dos tourné qui joue du luth & la regarde. Le foпd du Tableau eft un Paifage.

TOL

PEINTRE HOLLANDOIS.

UNE CUISINE.

Peint fur bois, haut d'un pied fix pouces, large de deux pieds un pouce.

ELle fait le fond du Tableau,
& eft remplie de groffe viande,
de gibier, de poiffon & de légumes en quantité. Il y a une femme
auprès de la cheminée qui tient un
couteau.

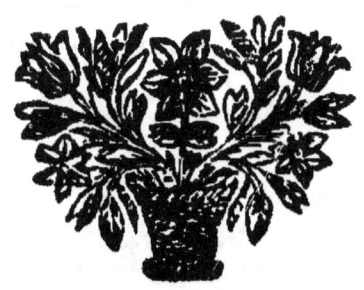

LE VALENTIN.

CE Peintre étoit de Colomiers en Brie. Etant allé à Rome, il s'atacha à la Maniere du Caravage, & ne fut pas plus judicieux dans le choix & l'exécution de ses Sujets, se contentant de donner beaucoup de force & de couleur à ce qu'il faisoit. Il fut fort emploié par le Cardinal Barberin neveu d'Urbain VIII. & mourut à la fleur de son âge par sa faute, pour s'être baigné dans la fontaine du Babouin au retour d'une Partie de plaisir à la campagne où il s'étoit fort échauffé, ce qui lui gela le sang.

UNE FEMME.
QUI JOUE DE LA GUITARE.
Haut de trois pieds dix pouces, large de cinq pieds quatre pouces.
Fig. de grandeur naturelle.

Ce

Ce Tableau repréſente trois hommes & une jeune fille au tour d'une
table. Le prémier en commençant
à gauche eſt vu par le dos qu'il a à
demi-nu, parcequ'il a le bras droit
paſſé hors de ſa chemiſe qui tombe
en écharpe. Il eſt aſſis buvant à mé-
me un fiaſque qu'il tient de la
main droite. La jeune fille qui eſt
une Cantarine, joue de la guitare
& paroît acompagner un vieillard
qui eſt à côté d'elle, le troiſiéme
tient un gros melon qu'il ſent. Entre le prémier & la fille un peu derriere eſt un homme dont on ne
voit que la tête. Le fond du Tableau eſt brun.

LA MUSIQUE.

**Peint ſur toile, haut de trois pieds cinq pou-
ces & demi, large de quatre pieds ſix pouces.
Fig. de grandeur naturelle.**

On voit ſur le devant un homme auprès d'une table qui touche
un luth, & une fille vis-à-vis qui
joue du violon. Un vieillard apuié

M.
Nanci

X

fur la même table regarde le joueur
de luth, il y a une fille à côté de
lui qui bat du tambour de bafque,
& tout proche un Soldat qui boit.
Le fond du Tableau eſt brun.

LES QUATRE AGES.

Peint fur toile, haut de trois pieds cinq pouces & demi, large de quatre pieds fix pouces.
Fig. de grandeur naturelle.

M.Duſſi.   Trois hommes ſont rangés au
tour d'une table. Celui de la droite
eſt un Guerrier qui a une écharpe
par deffus ſon armure, il y a devant lui un livre de Cartes géogra-
phiques. Celui qui lui eſt opoſé eſt
un jeune garçon habillé en Hon-
grois aiant une aigrete ſur ſon bonnet, qui joue du luth, & celui
du milieu eſt un vieillard qui boit.
Sur le devant eſt un enfant qui
tient une cage où il y a un oiſeau.

VANDERVELDE.
PEINTRE FLAMAND.
DEUX MARINES.

Peintes fur cuivre, hautes de deux pieds trois pouces, large d'un pied quatre pouces.

Elles repréfentent la célébre Bataille de Lépante, que les chrétiens commandés par le fameux Don-Juan d'Autriche fils naturel de Charles-Quint, gagnerent fur mer contre les Turcs en 1571.

L'année 1622. eft marquée fur un de ces deux Tableaux, c'eft aparemment celle qu'ils ont été faits.

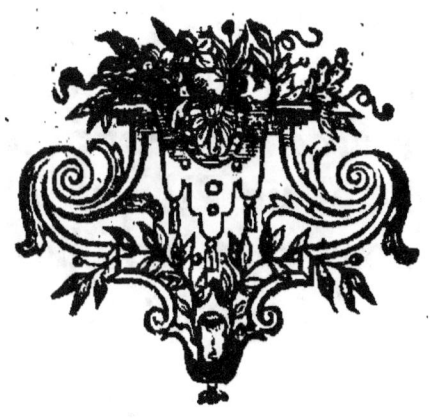

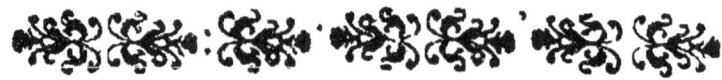

WOUWERMANS.

PEintre Hollandois qui a fait des Chaffes fort eftimées, & eft mort en 1668.

QUATRE PAISAGES.

I.

LA CHASSE DU VOL.

Peint fur bois, haut d'un pied fix pouces, large de deux pieds.

Il y a fur le devant une Dame affife à cheval, l'oifeau fur le point, avec un chien à côté d'elle, & un autre à terre à qui elle parle. Un Cavalier eft proche d'elle qui fonne de la trompe, & plus fur le devant un Piqueur avec plufieurs chiens tient un cheval pie qui a une felle rouge.

II.

LE DÉPART POUR LA CHASSE.

Peint fur bois, haut d'un pied fix pouces,
large de deux pieds.

On voit fur le devant une maifon de campagne, avec un grand
équipage de Chaffe & une Dame
à cheval.

III.

LA CURÉE

Peint fur bois, haut d'un pied fix pouces,
large de deux pieds.

A gauche eft un cerf abandon-
né aux chiens qui le déchirent,
pendant que les Chaffeurs arrivent
avec une Dame à cheval. Le fond
du Tableau eft avec fabrique.

IV.

LA CHASSERESSE

Peint fur bois, haut d'un pied fix pouces,
large de deux pieds.

Ce Paisage qui est avec fabrique, représente des Chasseurs sur le devant avec une Dame à cheval, à qui l'on donne l'oiseau.

F I N.

TABLE.

X iiij

X vj

Fin de la Table.

*Surnoms sous lesquels quelques Peintres
font particulierement connus.*

FIN.

OBSERVATIONS.

PAGE 18, ligne derniere, Putiphar, *lifez* la femme de Putiphar.

P. 25, lig. 12, Scorgion, *lif.* Giorgion.

P. 42, lig. 21, longueur, *lif.* largeur.

P. 61, lig. 14, Grotuis, *lif.* Grotius.

P. 85, lig. premiere, les, *ôtez* les.

P. 91, lig. 22, Vierges, *lif.* Vierge.

P. 109, lig. 16, l'écriteau, *lif.* écriteau.

P. 126, lig. 5, une troupe, *lif.* un troupeau.

P. 142, lig. penultiéme, action, *lif.* faifon.

P. 217, lig. 10, Tintorella, *lif.* Tintoretta.

P. 229, lig. 8, Artifan, *lif.* Juif.

P. 283, lig. 23, Io a la gorge, *lif.* Io, la gorge.

P. 297. lig. 17, tenant, *lif.* tient.

P. 299, lig. 9, Spofolice. *lif.* Spofalice.

P. 217, lig. 10, & 308, lig 1, Tintorella, *lif.* Tintoretta.

P. 315, lig. Bonaroti, *lif.* Buonaroti.

P. 362. lig. 14, emulation, *lif.* imitation.

P. 367, lig. derniere, fufpendu, à un tronc d'arbre au, *lif.* fufpendu à un tronc d'arbre, au.

P. 375, lig. 6, & d'Herfé. *lif.* & Herfé.

P. 434, à la marge, Launa, *lif.* Launay.

P. 435, lig. 18, lit, *lif.* lys.

P. 440. lig, penultiéme, ôté, *lif.* côté.

P. 446, lig 18, Barfian, *lif.* Baftian.

P. 460. lig. 21, relaché, *lif.* ataché.